SPARKNOTES™

염세가

The Misanthrope

몰리에르

다락원 | Spark Publishing

SPARKNOTES™ 040

염세가

펴낸이 정규도
펴낸곳 (주)다락원

초판 1쇄 인쇄 2011년 1월 18일
초판 1쇄 발행 2011년 1월 25일

책임편집 안창열
디자인 정현석
번역 윤한정
표지삽화 손창복

다락원 경기도 파주시 교하읍 문발리 509-1
내용문의: (031)955-7272(내선 400)
구입문의: (02)736-2031(내선 112~114)
Fax:(02)732-2037
출판등록 1977년 9월 16일 제300-1977-23호

Copyright © 2011, 다락원

출판사의 허락 없이 이 책의 일부 또는 전부를
무단 복제 · 전재 · 발췌할 수 없습니다.
잘못된 책은 바꿔 드립니다.

값 7,000원

ISBN 978-89-277-1989-2 43740

세계의 교양을 읽는다

고전을 왜 읽는가?

인간의 삶과 세상에 대한 영원한 물음이 있기 때문이다. 시대와 사상을 뛰어넘어 지금 여기 우리에게 필요한 물음이 없는 고전은 더 이상 고전이 아니다. 인간과 삶에 대한 근원적인 물음 없이 고전을 읽는다면 자신과 인간에 대한 성찰과 지혜로 이어지지 않는다. 논술 시험 때문에, 과제물 때문에, 아니면 남들이 읽으니까, 나도 읽는다는 식이라면 그 책은 죽은 책일 수밖에 없다.

고전을 살아 있는 책으로 만드는 이 '물음!'에 답하기 위해서는 좋은 길잡이가 필요하다. 오랜 기간 동안 미국의 고교생과 대학 주니어들이 시험, 에세이 작성, 심층토론 준비를 위해 바이블처럼 애용해온 'SPARKNOTES'와 'CliffsNotes'는 바로 그런 좋은 길잡이의 표본이다.

SPARKNOTES와 CliffsNotes의 가장 큰 장점은 방대하고 난해한 고전을 Chapter별로 요약하고 분석해서 원전의 내용에 보다 쉽고 체계적으로 접근하는 신속·간편성이라고 할 수 있다.

대입논술로 고민하고, 자칭 타칭의 고전이 넘쳐나는 오늘의 독서풍토에서 지적 정복이 긴박한 대한민국 학생들에게 감히 이 시리즈를 자신있게 권한다.

―以貫之 논술연구모임 연구실장 이호곤

차례

이 책의 구성

SPARKNOTES와 CliffsNotes는 방대하고 난해한 원작을 보다 쉽게 이해할 수 있도록 돕는 안내서입니다. 여기에는 원작 이해를 돕기 위해 매 장마다 '요점 정리(또는 줄거리)'와 '풀어보기'가 실려 있습니다. '요점 정리(또는 줄거리)'에는 원저의 내용을 일목요연하게 정리해 놓아 저자가 전달하려는 내용을 어렵지 않게 파악할 수 있습니다. '풀어보기'에서는 철학서의 경우, 원저에 담긴 저자의 사상이나 관련 철학, 시대 상황, 논점 등을, 문학 작품인 경우에는 원작에 담긴 문학적 경향, 등장인물의 심리상태, 주제 등을 설명해 놓았습니다. 분석적이고 비판적인 글읽기의 바탕이 되는 요소들이죠. 비소설이나 소설을 막론하고 분석적이고 비판적인 글읽기는 독자에게 꼭 필요한 자질입니다.

그밖에도 원저를 좀더 깊이 복습해서 제대로 소화할 수 있도록 돕기 위해 'Study Questions'와 'Review Quiz' 등을 마련해 놓았습니다.

* 〈　〉는 철학서, 장편소설, 중편소설, 수필집, 시집. "　"는 단편소설, 논문
* 작품명은 독자의 이해를 돕기 위해 예외적인 경우를 제외하고는 영어식으로 표기함.

간추린
명작
노트

몰리에르 Molière는 1622년에 파리에서 태어났다. 출생신고서에 게재된 본명은 장 바티스트 포클랭 Jean-Baptiste Poquelin이며, 부유한 양탄자 상인이자 왕궁의 가구와 집기를 관리하는 직책을 맡고 있던 아버지 덕분에 많은 혜택을 누리며 자랐다. 당시에 파리는 이미 연극이 꽃피던 문화의 중심지였으며, 특히 그를 총애한 외가가 연극을 좋아했다는 점을 감안하면 어린 장 바티스트가 일찍부터 연극과 친숙해진 것은 당연한 결과라고 할 수 있다. 아버지의 상점은 파리 연극을 대표하던 퐁네프 다리와 부르고뉴 극장으로부터 멀지 않은 곳에 있었다. 그 결과, 엄밀한 의미에서는 연극이라고 할 수 없었지만 어린 장 바티스트는 다리 위에서 약장수들이 약을 팔기 위해 펼치는 익살 연기를 자주 구경했으며, 외할아버지와 함께 국왕폐하극단이 전통 낭만비극과 소극(笑劇)을 공연했던 부르고뉴 극장을 자연스레 즐겨 찾았다. 스물한 살이 되던 해, 집안의 유산과 장자의 권리를 포기하고 연극에 전념키로 결정한 것을 보면 그들 두 곳에서 커다란 영향을 받은 것이 분명하지만, 그의 희곡작품들의 모태는 프랑스 연극에만 국한되지 않고 스페인과 이탈리아 연극의 영향도 무시할 수 없다.

그는 예수회에서 운영하는 명문 교육기관 클레르몽 학원을 다녔으며, 이어 오를레앙 대학에서 법학사 학위를 받고 잠시 변호사 생활을 한 것으로 전해진다. 〈염세가(인간 혐오자) *The Misanthrope*〉(1666)에서 소송과 법적 분규가 다뤄지는 것은 일부 그 경험의 영향 때문일 수 있다. 그러나 1642년경 연극에 전념키로 결심하면서 광명극단 창단에 합류했고, 그 무렵 이름도 몰리에르로 바꾸었다. 극단 운영은 그다지 순조롭지 않았으나 간간이 거둔 성공은 연극에 몰입할 기회를 주었다. 극작가로 유명하지만, 연기를 멈춘 적도 없었던 몰리에르에게 연기 경험은 당시 연극계가 배우에게 엄청난 노력과 기량을 요구했던 강렬한 성격 연구적인 작품들을 창조하는 데 밑거름이 되었다.

주인공 알세스트가 얼마만큼이나 작가 자신의 모습을 반영하는지에 대해서는 학자들 사이에서 의견이 분분하지만, 〈염세가〉는 적어도 부분적으로는 자전적이다. 이 작품을 집필할 시기에 소송에 휘말렸던 것으로 보이고 건강마저 좋지 않았기 때문에 세상이 싫어졌을지 모를 일이지만, 그렇다고 알세스트만큼 극단적이라고 생각하기는 어렵다. 따라서 단순한 자서전보다는 훨씬 복잡하고 세련된 작품이기 때문에 일반적으로 비평가들은 알세스트에게서 몰리에르의 모습을 찾아내려고 애쓰지 않았다.

〈염세가〉에는 〈타르튀프 *Tartuffe*〉(1664)나 〈박식한 여인들 *Those Learned Ladies*〉(1659)보다 소극적(笑劇的)인 요소가 적게 나타난다. 아마 1666년, 교회의 위선을 공격하는 내용으로 인해 숱한 논란을 야기시킨 〈타르튀프〉가 공연금지 처분을 받으면서 실망했기 때문인지 몰라도 〈염세가〉 역시 프랑스 귀족사회를 조롱하고는 있지만, 그 초점은 노골적인 사회풍자보다는 우리 모두가 피할 수 없는 인간적 결점들을 희화화하는 쪽에 맞춰져 있다.

몰리에르는 전형적으로 연극의 특정 문체와 전통 제약들 속에서 작업했으나 새로운 유형들을 실험하고 창조하려 노력했다는 점에서 독보적인 극작가였다. 〈염세가〉는 사회 또는 정치 문제들을 폭넓게 논평하기 위해 밋밋한 상투적 인물들을 이용하는 것이 특징인 전통 소극이나 풍자를 슬쩍 비트는 절묘한 솜씨를 보여준다. 알세스트와 셀리멘을 비롯한 등장인물들은 성격이 아주 복잡하고, 행동도 더욱 다의적(多義的)이다. 몰리에르는 이 작품 속에서 관객을 등장인물들에게 동화시켜 좀더 미묘한 의미들을 찾게 만드는 문체를 구사하고 있으며, 광범위한 계급적 특성들에 대한 종전의 공격에서 손을 떼고 전통 소극에 등장하는 정형화된 인물이 아니면서도 극단적 성격을 지닌 알세스트를 통해 특정한 인간적 특성들을 비판하려 한다는 의도를 암시한다.

게다가 〈염세가〉는 상대적으로 움직임이 적다는 점에

서도 몰리에르의 다른 작품들과 구별된다. 사건이 발전되는 과정에서 별다른 움직임이 일어나지 않기 때문에 관객이나 독자는 등장인물들의 행동과 동기에 각별히 관심을 기울이지 않을 수 없다.

1673년 2월, 몰리에르는 마지막 걸작 〈상상으로 앓는 사내 *The Imaginary Invalid*〉(1673)의 주인공 아르강 역을 맡아 공연하다가 쓰러져 집으로 옮겨졌으나 회복하지 못하고 세상을 떠났다.

제1막. 알세스트가 친구 필랭트에게 사회가 썩을 대로 썩었다며 분통을 터뜨리고, 위선을 인류의 극악한 악덕의 하나로 꼽으면서 정말 올곧은 사람이라면 아무리 고통스럽더라도 언제나 진실하고 정직해야 한다고 목청을 높인다. 그러나 정직함이 예법과 균형을 이뤄야 한다고 여기는 필랭트는 분란을 피할 수 있다면 타협하고 이따금 마음에 없는 말도 해야 한다면서, 사람이라면 누구나 근본적인 결함들이 있을 수밖에 없다고 대꾸한다.

두 사람이 갑론을박하는 사이에 현재 정확한 내용은 모르겠지만 알세스트가 소송에 휘말려 있다는 사실이 밝혀진다.

알세스트와 필랭트가 실랑이하는 자리에 조정에 출사하는 신료로서 '국왕폐하의 총애를 받고 있다'고 으스대며 다니는 오롱트 후작이 나타나 평소 알세스트를 존경해 왔다고 너스레를 떨면서 친구가 되어달라고 청한다. '잘 알지도 못하는 처지'에 친구가 되자는 말이 못마땅한 알세스트는 '친구가 되려면 먼저 서로를 더 알아야 하지 않겠느냐'는 말로 그 제안을 거부한다. 그러자 오롱트가 이번에는 막 완성한 소네트를 들어보고 사람들에게 공개해도 괜찮을지 판단해 달라고 부탁한다. 알세스트는 '내게는 지나치게 솔직히 말하는 결함이 있다'며 사양하려 들지만, 눈치도 없이 오히려 '솔직한 비평이 아니면 원망하겠다'는 대꾸가 돌아온다. 마지못해 청을 받아들인 알세스트는 오롱트가 시를 읽는 동안, 방백(傍白)으로 일일이 혹평하고, 감탄사를 연발하며 '알랑거리는' 필랭트도 나무란다.

낭독을 마친 오롱트가 소감을 묻자, 알세스트는 시인이 될 생각은 포기하라고 매몰차게 말한다. 알세스트의 솔직한 평을 듣고 싶다던 오롱트는 모욕감을 느끼고 자리를 뜬다. 필랭트는 정직함의 원칙을 조금만 굽히고 듣기 좋은 말로 넘겼다면 친구를 얻을 수도 있었는데, 도리어 상대하기 버거운 적을 만들어버렸다며 융통성 없는 처신을 질책하지만 들으려 하지 않는다.

제2막. 자신의 마음을 온통 차지한 셀리멘의 최근 행실이 정숙하지 못하다고 생각한 알세스트는 아무 남자, 특히 허세를 잔뜩 부리는 클리탕드르 같은 작자마저 친근하게 맞이하는 태도를 비난하며 헤어져야겠다고 투정을 부린다. 셀리멘은 차분하게 '친근한' 행동에는 아무런 저의도 없으니 질투하지 말라며, 정말 사랑하는 사람은 알세스트뿐이라고 다독거린다.

이때 셀리멘의 하인 바스크가 아카스트 후작과 클리탕드르 후작의 방문을 알린다. 그들도 셀리멘에게 마음을 두고 있다. 알세스트가 핑계를 대고 돌려보내라고 채근하지만, 셀리멘은 '도움은 주지 못해도 해를 끼칠 수 있는' 그들과 나쁘게 지낼 이유는 없다고 대꾸한다. 발끈한 알세스트가 '가겠다'며 고집을 꺾지 않자, 만류하던 셀리멘이 '마음대로' 하라며 물러선다.

필랭트와 셀리멘의 사촌 엘리앙트가 당도한다. 그때까지도 돌아가지 않고 있던 알세스트가 누구를 마음에 두고 있는지 공개적으로 말하라고 요구하자, 셀리멘은 '지나치다'며 당혹스러워한다.

클리탕드르와 아카스트가 이런저런 사람들을 입에 올리며 험담을 늘어놓자, 셀리멘이 맞장구를 친다. 알세스트가 셀리멘의 말을 끊으며 그 자리에 있는 사람들의 위선을 비난하지만, 아무도 귀를 기울이지 않는다. 엘리앙트는 알세스트에게 사랑에 깊이 빠진 남자라면 연인의 흠을 잡고 나무라기보다는 결점마저 좋게 보는 법이라고 말한다.

귀족법원의 관리가 알세스트를 찾아온다.

'나리'를 찾아 법원에 출두시키라는 지시를 받았다는 관리의 말에 필랭트는 알세스트의 모욕에 앙심을 품은 오롱트가 고발한 것이라고 추측한다. 알세스트는 소신을 바꿀 수 없다며 필랭트와 함께 법원으로 향한다.

제3막. 아카스트와 클리탕드르는 잠깐 둘만의 시간이 생기자 각자 셀리멘에 대한 속셈을 털어놓는다. 아카스트는 젊고 부유한 귀족인데다 국왕과 여성들도 '나를' 각별하게 여긴다고 자화자찬(自畵自讚)하며 으스대다가 셀리멘에게 '퇴짜를 맞았다'고 고백하면서부터 침울해진다. 클리탕드르는 만약 '우리 가운데 한 사람'이 셀리멘의 마음을 확실히 얻으면 남은 사람이 그녀를 양보하기로 약속한다.

셀리멘이 그들이 있는 곳으로 들어온다.

하인 바스크가 아르지노에 부인이 찾아왔다고 고한다. 셀리멘은 그 부인이 아주 정숙하고 신앙심이 돈독하다는 소문이 있다는 아카스트의 말에 그렇지 않다고 대꾸한다.

아르지노에는 어제 방문한 집에 있던 인사들이 셀리멘의 '바람기'를 심하게 비판했다면서 더 이상 험한 이야기가 돌지 않도록 행실을 똑바로 해야 한다고 은근히 비꼰다. 셀리멘도 질세라 정숙하고 신앙심 깊은 척하는 그녀의 위선에 대해서도 말이 많다며 그 결점들은 모두 나이가 많은 탓이라면서, 그렇지 않다면 비책을 써서 애인들을 한 번 만들어보라고 비아냥거린다. 아르지노에가 발끈한다.

알세스트가 당도하면서 두 여인의 말다툼이 끝나고, 셀리멘은 퇴장한다.

아르지노에는 유력자들이 알세스트를 칭찬하더라며 원한다면 조정의 연줄을 써서 한 자리를 주선할 수 있다고 제안했다가 거부당하자, 셀리멘을 단념시키기 위해 '저희 집'에 가면 그녀의 배신을 증명할 확증을 보여주겠다면서

만약 다른 여성을 사랑할 수 있다면 소개해 주겠다고 넌지시 마음을 떠본다.

제4막. 필랭트와 엘리앙트가 귀족법원 재판정에서 알세스트가 보여준 꽉 막힌 짓을 놓고 이야기하고 있다. 필랭트는 도무지 의견을 굽히지 않으려는 알세스트의 태도를 도저히 이해할 수 없지만, 알세스트의 진정성에 은근히 호감을 품은 엘리앙트는 스스로 옳다고 믿는 가치체계를 꿋꿋이 지키는 고귀하고 영웅적인 사람이라고 치켜세운다.

대화의 주제가 알세스트와 셀리멘의 관계로 전환된다. 엘리앙트는 셀리멘은 자기가 누구를 사랑하고 있는지도 모른다면서, 알세스트가 그녀에게 거절당하면 기꺼이 결혼할 생각이 있다고 말한다. 필랭트는 알세스트와 셀리멘이 결혼하면 알세스트에 대한 사랑은 '제게' 달라고 고백한다.

필랭트와 엘리앙트가 대화를 마칠 즈음, 알세스트가 등장한다. 셀리멘은 부정(不貞)한 여자라며 격분한 알세스트는 엘리앙트에게 '저를 위로하고 복수해 줄 사람은 당신'이라면서, '당신을 향한 마음'을 받아달라고 제안했다가 성급하게 판단하지 말라는 주의를 듣는다.

필랭트와 엘리앙트가 퇴장할 때, 셀리멘이 등장한다. 격노한 알세스트가 배신행위를 호되게 꾸짖자, 셀리멘은 침착하게 '어리석은' 사람이라면서 문제의 편지에 관해서는 믿고 싶은 대로 믿으라고 쏘아붙인다. 궁지에 몰린 알세스트는 그 편지의 수신자가 여자라는 말을 해달라고 간청했다가 거부당하고도 그녀를 단념하지 못하는 자신이 한심스러울 뿐이다.

하인 뒤 브아가 들어와 소송에서 패해 체포될 위험이 있으니 당장 피신해야 한다고 말하자, 알세스트는 자초지종을 알아보아야겠다며 자리를 뜨면서 셀리멘에게는 해지기 전에 돌아와 이야기를 끝낼 수 있도록 만나달라고 부탁한다.

제5막. 필랭트를 만난 알세스트는 전혀 예상하지 못한 판결이 내려졌다면서 이제는 더 이상 '치사하고 비열한 인간들'과 어울리지 않고 세상을 등지겠다고 선언하고, 이번 판결이 당대의 악덕을 보여주는 증거로 '후세에 영원히' 전해졌으면 좋겠다고 덧붙인다. 이어 필랭트가 성급한 결정이라며 재심을 고려해 보라고 조언하지만 뜻을 굽히지 않고, 셀리멘의 사랑을 확인해야겠다며 그녀를 기다린다. 필랭트는 엘리앙트를 데리러 그녀의 방으로 간다.

알세스트와 오롱트가 그들 가운데 한 사람을 확실히 선택하라고 셀리멘을 압박한다. 셀리멘이 '상식 밖의 요구'라며 거부하고, 방금 당도한 엘리앙트에게 그 짐을 떠넘기려고 한다.

엘리앙트가 그 문제에 끼어들고 싶지 않다는 뜻을 밝히자, 오롱트와 알세스트는 더욱 거세게 셀리멘에게 답을 요구한다.

　　아카스트와 클리탕드르가 구애자 개개인의 결점을 조롱하고 험담한 내용이 담긴 셀리멘의 편지들을 들고 나타나 큰소리로 읽는다. 화가 난 클리탕드르, 아카스트, 오롱트는 셀리멘을 포기하겠다고 공언하고 자리를 뜬다. 셀리멘은 알세스트에게 실수를 인정하고 아직도 '저'와 결혼할 마음이 있다면 받아들이겠다고 말한다. 그러나 사회를 등지고 함께 떠나기로 동의한다면 용서할 생각이 있다는 알세스트의 제안에 깜짝 놀라면서 결혼은 하되 젊은 나이에 사교계를 떠나 시골에 묻혀 살기는 싫다고 답한다. 사랑을 포기하겠다고 선언한 알세스트는 셀리멘이 퇴장하자 엘리앙트를 돌아보며 감히 '당신'의 사랑을 요구하지만, 엘리앙트는 필랭트에게 청혼하기로 결정했다고 대답한다. 알세스트가 두 사람에게 지금의 감정을 영원히 유지하라는 충고와 함께 퇴장하자, 필랭트는 엘리앙트에게 '저 친구'의 은둔 계획을 돌려놓을 방안을 강구해 보자고 제안한다.

● **알세스트** Alceste ｜ 주인공이자 결코 행복하다고 할 수 없는 인물. 인간의 근본적인 결함들을 용납하거나 용서할 줄 모르고, 다른 사람들의 단점들을 신랄하게 지적한다. 그렇다고 악인은 아니다. 자신에게조차 예외를 인정하지 않는 공평무사한 비판태도를 보면 공감할 만한 부분도 적지 않다. 원리원칙에 철저하고 매몰찰 정도로 정직한 나머지 자주 다른 사람들의 기분을 상하게 만든다. 아첨이나 마음에 없는 찬사도 용납하지 못한다. 가장 큰 고통거리는 셀리멘이다. 스스로 시인하듯 심지어 그녀의 행실을 혐오하면서도 도저히 등을 돌리지 못할 정도로 그녀를 향한 사랑은 크나큰 약점이다. 그 사랑만이 그의 확고부동한 가치들을 뒤엎을 수 있는 유일한 힘이다. 셀리멘의 집에 출입하는 다른 구애자들과 구별되는 것은 아마 나이(등장인물들 가운데 가장 연장자인 듯)와 기질 때문일 것이다.

● **셀리멘** Célimène ｜ 이 연극에서 가장 많은 관심이 쏠려 있는 스무 살의 미망인. 알세스트, 오롱트, 아카스트, 클리탕드르 같은 구애자들이 저마다 사랑을 독차지하려 안달이지만, 한 사람의 특정인에게만 확실하게 마음을 주지 않는

다. 몰리에르는 극의 구성을 통해 알세스트가 사랑의 승자가 된다고 하더라도 그녀의 바람기는 잠재우지 못할 것이라고 암시한다. 쾌활하고 자신감에 넘치지만, 틈만 나면 뒷담화를 즐기고 만나는 사람들 거의 모두에 대해 험담을 늘어놓는 결점이 있다. 앞뒤를 살펴가며 험담하는 요령이 없기 때문에 결국 자기를 사랑하는 사람들의 분노를 자초한다. 일반적으로 인생을 즐기는 것 같지만, 자기가 속한 사회의 관행과 예법을 존중하는 태도를 보이려 하지 않는다.

● **필랭트 Philinte** | 알세스트의 절친한 친구이자 조언자. 너무 솔직하고 타협할 줄 모르는 성격이 특징인 알세스트와 달리 정중하면서도 처세에 밝아 사회생활이 원만하다. 이따금 얄밉게 여겨질 만큼 주변 사람들과 잘 지내기 때문에 줏대가 없어 보이기도 하지만, 나름대로 매력적이다. 융통성 없는 태도 때문에 모든 관계를 파괴하지 말라고 친구에게 충고할 때는 진심이 느껴지고, 마음속으로 사랑하는 엘리앙트를 대할 때는 감탄할 만한 자기절제와 인내심을 보여준다. 부조리하고 희극적으로 투덜거리기만 하는 알세스트에 비해 여러 면에서 솔직하고 현실적이다.

● **엘리앙트 Éliante** | 셀리멘의 사촌이자, 필랭트의 마음을 사로잡은 따뜻하고 생각이 깊은 여인. 사회의 생리를 제대

로 이해하고 있으며, 남녀 관계에 대한 날카로운 통찰력을 바탕으로 이따금 사랑에 빠진 사내들의 행태를 재치 있게 비평한다. 알세스트의 진정성에 공감하고 처음에는 호감을 갖지만, 결국은 현실적이면서도 진득한 필랭트의 청혼을 받아들인다. 상황에 따라 의견을 주저 없이 표현하는 모습은 수동적이거나 소심하지 않다. 조정에 출사하는 귀족청년들을 비판하고 조롱할 때도 셀리멘처럼 극단적이지 않고, 예의와 유순함이 적절하게 균형을 이룬다.

● **오롱트** Oronte ｜ 자신이 속한 사회에 없어서는 안 될 인물이 되고자 허세를 부리는 사내. 다재다능하게 보이기 위해 노력하지만, 시적 재주가 없다는 것이 문제다. 자작 소네트로 알세스트의 호의를 사려 했으나 오히려 너무 솔직한 비평으로 모욕당하자, 명예훼손으로 고소하는 옹졸한 속내를 드러내며, 다른 사람들의 이목에 집착한다. 셀리멘의 환심을 사려고 노력하지만 사랑보다는 자존심을 더 중시해 그녀에게 모욕당하자 서슴없이 마음을 접는다. 함께 어울리는 사람들에게 솔직한 의견을 구하지만, 그 솔직함을 감당할 수 있는지의 여부는 상황에 따라 다르다.

● **아르지노에** Arsinoé ｜ 셀리멘보다 나이가 많고 매력이 덜하며 심술궂은 성격 때문에 사내들의 애정을 자극하지

못하는 여인. 외견상 철저한 예의와 독실한 신앙심으로 낭패감을 감추려 한다. 알세스트의 관심을 얻기 위해 노력하며, 질투심 때문에 드러내놓고 셀리멘의 흉을 본다. 알세스트에게 셀리멘의 배신행위를 알려주는 모습에서 볼 수 있듯이 친구 같은 사람들의 은밀한 이야기조차 서슴없이 폭로하는 경향이 있으나 그 같은 일에서는 행복을 느끼지 못한다. 그러나 그녀를 행복하게 해줄 수 있을지도 모를 유일한 것—알세스트의 사랑—은 손이 닿지 않는 곳에 있다.

● **아카스트** Acaste │ 이기적인 젊은 후작. 스스로 잘 생기고 재산도 많기 때문에 셀리멘의 애인이 되기에 가장 유리한 조건을 가졌다고 생각한다. 부끄러운 줄 모르는 자화자찬은 어쩌면 셀리멘의 퇴짜에서 느끼는 당혹감과 좌절감 때문인지 모른다. 그녀를 향한 마음이 일방적이란 사실 때문에 고민하며, 그녀를 차지할 확률을 조금이라도 높이기 위해 클리탕드르에게 거래를 제안할 정도로 그녀의 사랑을 원한다.

● **클리탕드르** Clitandre │ 셀리멘의 사랑을 차지하려고 노력하지만, 다른 구애자들보다 열정이 다소 약해 보인다. 셀리멘과 귀족들에 대한 험담을 늘어놓을 때가 가장 즐거워도 모욕감을 안겨준 셀리멘을 포기할 만큼 자부심과 자신

감이 넘친다.

● **뒤 브아** Du Bois | 알세스트의 하인. 소심하고 실수를 밥 먹듯이 하며, 알세스트에게 우스꽝스럽게 얽매인 신세는 〈염세가〉의 소극적(笑劇的) 성격을 이루는 중요한 요소다. 주인에게 모든 것을 빠짐없이 말해야 한다는 생각이지만 긴장감 때문에 실제로는 제대로 알려주는 것이 하나도 없다. 따라서 선한 의도에도 불구하고 주인에게 실질적 도움이 되지 못하는 인물. 다소 부족한 듯한 행동거지는 관객의 동정심을 자극한다.

● **바스크** Basque | 셀리멘의 충실한 종복. 안주인에게 손님들의 방문을 신속하게 고한다.

● **법원 관리** Officer | 알세스트에게 오롱트의 시를 모욕한 일을 해명하라는 출두명령을 전달한다.

알세스트

이 희곡에서 나타나는 중심 갈등—알세스트가 지닌 가치체계와 현상유지의 충돌—의 근원일 뿐만 아니라 〈염세가〉라는 제목에 딱 들어맞는 주인공. 주변 사회가 도무지 진실은 결여되고 골수까지 타락했다는 사실에 좌절해서 때와 장소를 가리지 않고 정직의 가치와 위선의 폐해들에 대해 설교를 늘어놓는다. 그러나 불운하게도 어느 누구 하나 그의 말에 귀를 기울이지 않는다. 이 작품에서는 가치관이 판이한 사람들에게 둘러싸인 고립무원의 신세지만, 남자와 여자들 모두에게 호감을 얻고 있다. 필랭트는 알세스트의 고결함을 높이 사는 것 같고, 아르지노에와 셀리멘은 애정을 보여주는 것.

그는 희곡이 진행되면서 성격이 조금 바뀌는데, 다른 구애자들은 셀리멘의 실체를 알고 등을 돌리지만, 그녀에게 모욕을 당하면서도 청혼한다. 게다가 자기도 다른 구애자들처럼 사랑의 제물이 되었다는 것을 깨닫고 약점을 인정하면서도 철저한 개심(改心)에는 이르지 못하고 셀리멘의 행실에 분통을 터뜨리는 모습은 제1막 1장에서 사회의 타락에 분개하던 모습과 별로 다르지 않다.

몰리에르는 알세스트를 부분적으로는 풍자의 장치로 이용한다. 엄격한 윤리규정으로는 그가 풍자하는 사회에서 살아남을 수 없다는 사실을 보여주는 것. 그러나 알세스트는 하나의 상징이라기보다는 인물 연구의 대상에 가깝다. 내면에 희극적인 극단주의와 평범한 인간적 정서가 병존하는 다차원적인 인물인 것.

셀리멘

〈염세가〉의 줄거리를 끌고 가는 인물은 알세스트라고 하더라도, 작품의 세계는 셀리멘을 중심으로 돌아간다. 젊고 활기차며 매력과 재치가 남다르다. 따라서 조정에 출사하는 젊은 귀족 남성들이 거의 모두 눈독을 들이고 있으며 그 사회 속에서 거의 완벽하게 처신하는 법을 몸에 익힌 그녀는 그 사내들과 어울리면서 소문을 퍼뜨리는데, 알맞은 사람에게 알맞은 말을 들려주는 요령을 발휘해서 관심의 초점이 된다. 셀리멘과 알세스트는 정반대 인물이며, 그들의 관계—특히 정직함을 중시하는 그가 요부에 가까운 그녀에게 매혹된다는 설정—는 아주 얄궂은 일 가운데 하나다. 셀리멘이 알세스트를 좋아한다는 사실은 그녀가 감정에 흔들린다는 암시다.

이 희곡의 결말을 이루는 장들에서 셀리멘의 경솔하고 부적절한 태도는 도를 넘는다. 치근덕거리는 사내들의 흥을 보는 그녀의 편지가 여러 구애자에게 발견되면서 그 험담은 그대로 부메랑이 되어 결국 알세스트를 제외한 구애자들이 그녀를 떠나는 것. 자신만만하지만, 자기가 바라는 것이 정확히 무엇인지 모르는 그녀는 강렬한 욕망이나 좌절감을 결코 드러내지 않는데, 이것은 확고한 가치체계가 없다는 암시일지 모른다. 타인을 공격할 때는 기지가 번득이지만, 자신에 대한 결정을 타인에게 맡기려는 성향을 보면 자신의 감정과 속내를 날카롭게 볼 수 있는 능력은 의심스럽다. 가령, 오롱트와 알세스트가 저마다 선택을 요구하자, 그 결정을 엘리앙트에게 떠넘기려고 하는 것. 요컨대, 셀리멘은 매혹적이기는 해도 성숙함이 부족하다. 몰리에르는 셀리멘이 언행에 대해 좀더 책임을 지려 하지 않는다면 성숙한 여인이 되기 어려울 것이라고 암시한다.

필랭트

몰리에르가 날카로운 균형 감각을 부여한 인물. 셀리멘은 사회를 갖고 노는 반면, 그 사회를 존중하는 필랭트는 관대하며 누구에게나 결함이 있다는 사실을 인정하는 태도 때문에 다소 따분한 사내이면서도 알세스트와는 분명히 대비된다. 알세스트에게 세상 인심을 알려주는 격의 없는 상담자이자, 엘리앙트에 대한 구애의 기회도 친구에게 먼저 주는 배려심 깊은 인물이다. 이 작품에서 유일하게 셀리멘의 사랑을 놓고 경쟁하지 않는다.

몰리에르는 이 작품에서 유일하게 필랭트에게 성공적인 남녀 관계를 상으로 건네는데, 마지막 장면에서 앙리앙트와 서로 사랑을 확인하고 함께 퇴장시켜 겸손과 절제가 적절한 행동규칙이라고 암시한다. 반면, 그 같은 규칙이 생소한 알세스트와 셀리멘은 연극이 끝날 때 홀로 불행하게 남겨진다.

어떤 면에서는 이 작품의 화자이며, 엘리앙트에 대한 연정을 제외하면 줄거리의 대부분에 개입하지 않고, 이야기가 전개되는 동안 알세스트와 엘리앙트에게 경박한 인물들에 대해 논평한다. 기질은 실제로는 전혀 변하지 않고, 행동은 결코 충동적이지 않다.

엘리앙트

필랭트처럼 사회에 잘 적응한 인물. 사촌 셀리멘과는 대조적으로 여간해서는 남을 험담하지 않고, 관심의 초점이 되지 못해도 아무렇지 않은 듯하다. 재치 있고 인간적인 태도를 빈틈없이 지키려고 노력한다는 점에서 필랭트와 구별된다. 필랭트라면 토를 달려 하지 않을 일에도 끼어들어 여러 모로 생각 깊은 의견을 제시하는 것. 사랑에 빠진 사내들의 행태를 이지적으로 비판하고, 알세스트의 행태를 편견 없이 분석하는가 하면, 셀리멘이 오롱트와 알세스트 가운데 한 남자를 선택해 달라고 부탁할 때는 그 청을 받아들이지 않고 셀리멘이 직접 자초한 혼란을 정리하게 만든다.

눈에 띄는 유일한 결점은 알세스트를 대할 때 나타나는 어정쩡한 태도다. 알세스트에게는 일종의 의무감을 느끼는 것 같기도 하다. 그렇지만 결국 사랑은 많은 부분에서 완벽하게 어울리는 필랭트에게 꽂힌다. 이 희곡에서는 존경받을 수 있는 유일한 남자가 필랭트이듯 위선과 거짓에 물들지 않은 유일한 여자는 엘리앙트이다. 그들은 온건한 행실과 서로에 대한 깊고 참된(또는 관객이 참되다고 믿게 되는) 애정으로 인해 다른 인사들에게서는 사라진 도덕적이고 사회적인 안정성을 대표하는 인물이다. 몰리에르는 두 사람을 연결시켜 전통적이고 관례적인 희극의 행복한 결말을 새롭게 수정한다. 피상적인 '영웅' 알세스트는 행복을 발견하지 못하지만, 끝까지 알세스트를 배려하고 사회를 등지지 않도록 방법을 강구하려는 두 사람의 진정한 영웅은 행복을 발견하는 것.

주제, 모티프, 상징

| 주제 |

문학 작품에서 전체 내용을 관통하는 근본적이고 포괄적인 생각.

사회적 행위에 담긴 위선들

비록 전적으로 동의할 수는 없다손 치더라도 특히 사람들의 위선을 꼬집어내는 알세스트의 식견은 옳을 때가 많다. 알세스트 이외의 모든 등장인물들에게 삶이란 아부와 험담 사이에서 균형을 잡는 것이다. 셀리멘은 마치 구애자들에 둘러싸여 지내는 것을 즐기는 듯하지만, 제5막에서 공개되는 편지들은 그렇지 않다는 사실을 암시한다. 아르지노에는 셀리멘이 사람들 입방아에 오르내릴 때 옹호해 주었다고 생색을 내며 한껏 걱정하는 척하면서도 알세스트와 떼어놓기 위해 그녀가 오롱트에게 보낸 편지를 폭로하는 양면성을 드러낸다.

그러나 몰리에르가 반드시 위선에 반대하는 것 같지는 않다. 아무에게도 해를 끼치지 않는다면 조금은 겉과 속이 달라도 용납될 수 있는 일이라고 암시하는 것. 조정에 출사하는 젊은 귀족들이 알세스트가 주장하는 부류의 혹독한 정직성을 받아들이지 못하는 것은 그들의 내면적인 기반이 너무도 불안정하기 때문이다. 어느 정도의 아부와 상황에 적합한 선의의 거짓말이 없으면 등장인물들 사이에서 우호적인 태도는 사라질 것이다. 필랭트는 진실과 거짓이 거의 완벽할 만큼 균형 잡힌 상태를 구체적으로 보여준다. 오롱트의 시가 마음에 들지 않지만 모욕하기보다는 적당히 칭찬해 주면서도 정직함이 요구될 때는 진실해지고, 엘리앙트를 향한 진심을 숨김 없이 떳떳이 인정하는가 하면, 알세스트의 지나친 호언장담이 과하다고 생각되자 솔직한 비판으로 훈계하는 것.

인간적인 결함의 인정

프랑스 사회가 알세스트를 배척하는 이유는 그가 나쁘거나 부도덕해서가 아니라 인간적인 결점들을 용납하지 못하는 불같은 성정 때문이다. 물론, 어떤 상황에서도 철저히 진실해야 한다는 그의 독단을 누구나 수용할 수 있다면 세상은 좀더 살기 좋은 곳이 되겠지만 현실은 그렇지 않다. 얄궂게도 알세스트는 자신의 결함들은 인정할 수 있는 것 같으면서도 타인들의 결함은 결코 용납하지 못한다. 몰리에르는 그가 묘사하는 사회에서 살아남는 유일한 방법은 정직을 적당한 요령과 아우르는 처세라고 암시하면서, 그 표본으로 알세스트의 좌절감을 이해하면서도 그 좌절감을 드러내놓고 표출하면 분란이 일어날 수밖에 없다는 것을 알고 있는 필랭트를 내세운다.

모든 등장인물들은 자신의 결함을 부정하는 경향을 보여주기도 한다. 가령, 아르지노에는 '지나친 경건함'이란 가면을 쓰고 사교적인 무능을 감춘다. 다시 말해, 경건하려고 해서 경건한 것이 아니라 남자들의 마음을 끌지 못하는 무능을 받아들일 수 없기 때문에 경건한 것이다. 마찬가지로 알세스트는 언제나 그렇지는 않지만 셀리멘의 고약한 행실들에 대해 불평을 늘어놓음으로써 사랑을 부정한다. 얄궂게도 이들은 다른 사람들에 대한 비판을 통해 자신의 결함을 부정하는 경우가 많다. 특히 셀리멘의 구애자들은 자주 다른 사람들의 뒷공론에 열을 올리는 나머지 자기성찰의 시간을 갖지 못한다.

사랑의 불합리성

알세스트는 셀리멘의 결점들을 잘 알고 (자주 상기시켜주며) 그녀의 가치관과 태도들이 자기와 다르다는 사실을 알고 있으면서도 과감하게 등을 돌리지 못하고 사랑할 수밖에 없기 때문에 고통스럽다. 엄격하고 (자기 생각에) 합리적인 윤리 원칙에 맞춰 살아가려고 노력하지만, 사랑에서는 이성이나 합리성이 통하지 않는다는 점을 알게 되는 것이다. 다시 말해, 셀리멘에게서 헤어나지 못하는 처지를 자주 자책하고 사회야 어떻든 성실하고 정직해야 한다는 의

지가 확고해도 여전히 인간적인 감정의 희생자라는 사실을 깨닫는 것이다. 이런 식으로는 자기가 혐오하는 인간들과 자신이 다를 것이 없다.

〈염세가〉는 이성과 사랑 사이의 적정한 균형 관계를 찾고 있다. 몰리에르는 사랑의 불합리성에 완전히 빠지는 태도를 옹호하지는 않는다. 분명히 어느 정도는 타협하고 예의범절을 지켜야 한다는 것. 그러나 자신의 감정을 충족시키려면 목소리를 높여야 한다. 이 희곡이 지닌 희극성의 일부는 구애자들이 보여주는 낭만적 동면(冬眠) 상태에서 비롯된다. 그들은 그저 셀리멘의 집을 찾아와 말 그대로 둘러 앉아 그녀가 애정과 관심을 베풀어주기만 기다리고 있는 것이다. 그러나 알세스트는 아무리 셀리멘에게 푹 빠져 허우적거리는 처지가 고통스러워도 최소한 그 사실을 적극적으로 토로한다. 이 희곡에서 사랑의 불합리성을 기꺼이 인정하는 유일한 인물은 막판에 엘리앙트의 사랑을 얻고 진정으로 행복해 보이는 필랭트뿐일지 모른다.

타협의 합리성

몰리에르에게 필랭트는 합리성의 표상이다. 필랭트는 남들과 더불어 살아가려면 상황에 맞도록 대처하는 요령과 분별력이 필요하다는 것을 잘 알고 있다. 자기도 이런저런 의견을 품고 있지만, 다른 사람들의 심기를 불편하게 할 수 있는 경우에는 말을 아끼는 것. 즉, 알세스트와는 정반대되는 유형의 인물이다. 몰리에르는 도덕성과 합리성을 구분하지 않는다. 우리는 알세스트가 필랭트보다 좀더 도덕적이라거나 적어도 자신에게 더 솔직하다고 말할 수는 있다. 그러나 알세스트보다 분명히 더 합리적인 필랭트는 다른 사람들을 만족시키려면 타협이 필요하며, 때에 따라서는 자기의 가치체계마저 접어둬야 한다는 것을 알고 있다.

알세스트는 관객이 타협의 기술을 배웠다고 생각하는 순간, 셀리멘과의 타협을 거부하는 희극적인 모습을 보여준다. 마지막 장에서 셀리멘에게 사회를 등지고 함께 은둔하자고 요구하는 것은 우스꽝스러운 제안이다. 반면, 사교계를 떠날 생각이 없는 셀리멘은 결혼은 하겠으나 파리에서 살자고 제안한다. 이 같은 제안은 희곡의 앞부분에서라면 알세스트가 상상할 수 있는 최상의 결과였을 테지만 받아들이지 않는다. 그 이유는 오로지 그 제안이 타협을 의미하기 때문인 듯하다. 그는 완전히 자기 식대로 되지 않으면 견디지 못하는 것이다.

| 모티프 |

작품의 대표적인 주제들과 관련하여 전체에 통일감을 주는 것으로, 되풀이되는 구조나 대비, 또는 문학적 장치, 등.

사법체계

〈염세가〉에는 소송과 법적 분쟁에 관한 언급이 여러 번 등장한다. 알세스트는 두 건의 소송에 개입되어 있다. 하나는 귀족법원에 접수된 오롱트의 고발사건이고, 또 하나는 관객으로서는 자세히 알 수 없는 모종의 소송사건이다. 게다가 셀리멘도 소송에 연루되었다는 사실을 짧게 언급한다. 몰리에르는 프랑스의 사법체계를 사회적 제약을 나타내는 은유로 사용하고 있다. 법 앞에서 알세스트의 지위가 위협당하면, 마찬가지로 그의 개인적 관계들도 제약을 받게 되는 것. 비유적인 면에서 보면 알세스트는 인간과 사회를 혐오하기 때문에 다른 등장인물들로부터 고립되는 것이고, 좀 더 글자 그대로 해석한다면 법정은 알세스트에게 물리적으로 사회를 떠나라고 요구하는 것이다. 알세스트의 개인적인 무례함들이 범법행위로 해석되는 것.

편지들

셀리멘의 편지들은 이 희곡의 극적인 줄거리를 이끌어가는 원동력을 제공한다. 오롱트에게 보낸 편지는 알세스트가 그녀의 배신을 공격하는 빌미가 되고, 나중에 구애자들은 그들을 모욕하는 내용이 담긴 편지들 때문에 그녀에 대한 사랑을 접게 된다. 이 편지들은 셀리멘이란 인물이 지닌 또 다른 차원의 천박함을 나타낸다. 구애자들과 함께 있을 때 누구에게나 애교를 부리며 친근하게 대하는 것은 어쩌면 진정한 생각을 감추는 가리개에 불과할지 모른다. 그리고 이 편지들은 사회적인 셀리멘과 사적이고 비판적인 셀리멘의 거리를 나타내는 상징이다. 편지를 쓰고 보냄으로써 좀더 공격적인 자신의 생각들로부터 멀어질 수 있는 것이다.

거래

등장인물들은 서로에게 어떤 다짐을 통해 인간관계와 정서에 모종의 엄격함을 부여하려고 시도한다. 오롱트는 악수로 알세스트의 우정을 얻으려고 하는데, 그들의 차이점을 감안하면 우스꽝스러워 보이는 짓이다. 마찬가지로 클리탕드르와 아카스트는 셀리멘의 사랑을 차지할 확률을 높이기 위해 거래를 시도한다. 셀리멘의 마음을 얻지 못한 사람이 물러서서 상대방을 돕기로 약속하는 것. 이 모티프를 통해 몰리에르는 등장인물들의 의례적인 겉모습과 속셈이 다르다는 것을 보여준다.

| 상징 |

추상적인 관념이나 개념을 표현하기 위해 사용하는 사물, 기호, 인물, 색, 등.

셀리멘의 집

셀리멘의 집이 열려 있다는 것은 구애자들의 접근을 마다하지 않는 셀리멘의 성향과 유사하다. 사내들은 마음대로 드나들 수 있고, 셀리멘은 들고 나는 사내들에 관해 아무런 차별을 두지 않는다. 그 집은 그녀의 바람기를 상징하는 역할 이외에 이 희곡의 줄거리가 흘러가는 도관(導管)의 기능을 한다. 사내들이 물 흐르듯 들어오고 나가는 설정은 이 희곡을 전개시키고 이런저런 내막이 밝혀지는 기회를 제공한다.

오롱트의 시

이 희곡에서 풍자적인 느낌이 좀더 짙은 요소들 가운데 하나다. 그 소네트는 프랑스 귀족사회의 겉치레를 보여주는 증거의 기능을 하면서, 오롱트 같은 귀족들의 거짓 자신감을 암시한다. 즉 그 시는 우스꽝스러운 졸작으로서 상류사회의 지성과 소양을 의심하게 만드는 것. 어쩌면 몰리에르는 상류사회가 개인의 능력이 아니라 세습에 의해서만 존재한다는 것을 보여주고 있는지도 모를 일이다.

알세스트가 '시골에서 찾으려는 고독'

알세스트가 추구하는 '고독'—사회로부터의 이탈—은 그가 태도와 도덕성에서 다른 등장인물들로부터 고립되어 있다는 것을 나타낸다. 이 고독은 알세스트의 기만을 나타

낸다고 볼 수도 있다. 사실상 그가 다른 사람들과의 교제를
완전히 끊기는 어려울 것이다. 타인들과 공존할 방안을 찾
아야 하는 현실을 감당할 수 없기 때문에 만들어낸 은둔이
그럴듯한 대안이라고 생각하는 것은 자기기만이다. 필랭트
는 바로 그 같은 내심을 간파하고, '저 친구가 마음먹은 계
획을' 철회시키기 위한 방안을 강구하자고 엘리앙트에게
제안한다. 알세스트는 남들에게는 정직을 요구하면서도 자
신을 속이고 있는 것이다.

Act별
정리
노트

Act 1

1장

프랑스 귀족 알세스트가 막역한 친구 필랭트와 존경할 구석이라고는 조금도 찾아볼 수 없는 작자들을 올바로 대하는 방법을 놓고 열띤 논쟁중이다. 알세스트는 필랭트가 사람들을 대할 때 양심을 속이면서 비열하고 파렴치하게 굴었다며, '나라면' 그처럼 사회의 위선적인 처세와 관행을 따르는 모습이 수치스러워 '목을 맸을 것'이라면서 '진실하고 명예를 지킬 줄 아는 사람'은 마음속에서 우러나오는 말만 해야 한다고 목청을 높인다. 사람은 어떤 대가를 치르더라도 정직해야 하며, 자존심이 있다면 칭찬받을 일이 아닐 때 칭찬받는 것을 오히려 모욕으로 생각해야 한다고 목에 핏대를 세우는 알세스트가 사람을 판단하는 유일한 기준은 엄혹한 정직성이다.

반면, 필랭트는 사교계에서는 겉으로나마 공손한 태도를 보여야 할 경우도 있다면서, 속내를 숨기는 것이 서로에게 더 좋을 때도 있고 때로는 사회에서 널리 받아들여지는 관행을 따르기도 해야 한다고 주장한다. 인간에게는 결함이 있을 수밖에 없다는 점을 인정해야 하며, 남의 행동을 지나치게 비판해서는 안 된다는 것.

이어 그들의 대화를 통해 알세스트가 '속이 훤히 들여다보이는 아주 치사한 인간'과 모종의 소송에 연루된 사실이 드러난다. 필랭트는 인간의 본성에 대해 좀더 관대해지라며 '나도 자네처럼' 제 욕심만 챙기려는 사기꾼들을 보면 마음이 불편하지만, 어쨌든 임박한 송사에서 판사에게 '자네 입장'이나 제대로 피력하라고 권유한다.

알세스트는 '그럴 생각이 없다'면서 송사는 순전히 정의의 토대 위에서 진행되면 충분하다고 맞받아친다. 필랭트가 "상대방이 어떤 술책을 부릴지 모르니… 만만하게 보지 말라"고 충고해도 '어떤 판결이 나더라도 감수하겠다'며 막무가내다.

마음이 답답한 필랭트는 '자네가 사랑하는' 셀리멘은 '자네가' 그토록 집착하는 엄혹한 정직성을 지녔느냐고 반박하고, 한술 더 떠 '자네가' 그토록 혐오하는 요즘 세태에 영합하는 여성을 어떻게 사랑할 수 있느냐면서 그 결점을 외면하는 것인지 용서하는 것인지 밝히라고 몰아붙인다.

알세스트는 그 결점들을 익히 알고 있으며 눈에 띄면 지적한다면서, 그럼에도 불구하고 그녀를 사랑할 수밖에 없다는 것이 '내 약점'이라고 대답한다.

필랭트가 진실하고 확고한 엘리앙트의 마음을 받아들이는 쪽이 훨씬 더 온당하다고 말하자, 사랑은 이성으로 하는 것이 아니라고 일축한다.

2장

셀리멘에게 구애하는 사람들 가운데 하나인 오롱트가 알세스트와 필랭트의 대화에 끼어들면서 알세스트의 명예로운 품성들을 칭송하며 친구가 되어달라고 제안한다.

선뜻 마음이 내키지 않는 알세스트가 나중에 후회할 수도 있으니 '서로를 좀더 알기까지'는 어떤 식이든 우정의 약속을 맺어서는 안 된다고 말하자, 오롱트는 알았다면서 그렇다면 먼저 자작시를 일반에게 공개해도 될지 평가해 달라고 제안한다.

지나친 솔직함이 '저의 단점'이라며 거절하던 알세스트는 오롱트가 '숨김없는 견해'를 듣고 싶다며 고집을 부리자 마지못해 응낙한다.

오롱트가 '제게 사랑의 불길을 지핀 귀부인을 생각하며' 15분 만에 지었다는 소네트를 낭독하기 시작하자 알세스트는 혐오감을 나타내지만, 필랭트는 틈틈이 듣기 좋은 말을 늘어놓는다.

돼먹지도 않은 글을 입에 발린 소리로 아첨한다고 낮

은 소리로 친구를 나무란 알세스트는 낭독을 마친 오롱트
가 평가를 청하자, 문체와 주제에서 성실성이라곤 전혀 찾
아볼 수 없는 시 따위를 짓지 말고 잘 할 수 있는 일에나 전
념하라고 암시한다.

모욕감을 느낀 오롱트는 '같은 주제'로 더 나은 시를
써보라고 다그치지만, 알세스트는 '선생처럼 형편없는 시를
쓰겠지만 남에게 보여주지는 않겠다'고 대꾸한다.

오롱트는 '별 볼일 없는 작자가 너무 오만한 것 같다'
고 분개하며 퇴장한다.

3장

필랭트는 알세스트에게 사람이 지나치게 솔직하면 그
처럼 언짢은 일이 생긴다며 '어리석게 굴지 말라'고 충고한
다. 적당히 좋은 말로 대충 넘길 수도 있는데 대놓고 적을
만드는 융통성 없는 태도가 안타깝다는 것. 그러나 그 같은
염려는 묵살되고 '나를 그냥 내버려두라'는 퉁명스러운 대
꾸만 돌아온다.

: 풀어보기

〈염세가〉가 시작되면 곧바로 이 희곡이 적어도 어느
정도까지는 소극적(笑劇的)인 요소가 있다는 것이 드러난

다. 희극적일 정도로 극단적인 주인공 알세스트는 전혀 예외를 인정하지 않고, 인류의 결함과 실패들에 대해 분노를 드러낸다. 따라서 작가는 그런 행동이 아무리 정당하고 고귀하더라도 이 작품이 다루는 세상에는 어울리지 않는다는 사실을 보여주려고 한다. 알세스트가 소송에 연루되어 있다는 것은 법에 저촉되는 극단적인 짓까지 마다하지 않을 지경에 이르렀음을 암시한다. 처음에 알세스트는 얼토당토않게 늘상 투덜대는 노인처럼 필랭트에게 "도대체 인간이란 인간은 모두 혐오스러워 그들이 나를 인정해 주는 것도 아주 역겹다"(제1막 1장)고 말할 정도다. 몰리에르는 작품이 진행되면서 이 같은 초기의 성격 묘사를 슬쩍 수정한다. 〈염세가〉를 그의 다른 희극들과 대동소이한 방식으로 시작하지만, 나중에는 형식과 양식을 실험하고 있다는 사실을 드러내는 것.

　　몰리에르는 첫 장면에서 필랭트를 염세적인 알세스트에 대비되는 균형 잡힌 사람으로 설정한다. 이성의 목소리를 대표하고, 공손함과 너그러움도 정직성 못지않게 중요하다는 것을 알고 있는 필랭트는 몰리에르에게는 프랑스 사회를 헤쳐 나가는 올바른 길의 전형이다. 게다가 작가는 필랭트를 통해 우리가 알세스트에게 던질 가혹한 견해를 누그러뜨린다. 필랭트 같은 친구가 옆에 있는 것을 보니 알세스트가 생각만큼 그렇게 나쁜 인간은 아니라고 생각하게 만드는 것.

필랭트는 좀더 큰 사회가 개인의 불평에는 무관심하다는 뜻도 강하게 전달한다. 알세스트의 말에 어느 정도는 동의하면서도 '자네가 그런다고 세상이 바뀌지는 않을 것'이며, 현실을 제대로 보고 사회의 제약에 맞춰 행동하라고 간청하면서, 그 제약들이 옳아서가 아니라 피할 수 없기 때문이라고 덧붙이는 것이다.

몰리에르는 알세스트의 기질을 희화화하면서 프랑스 귀족사회를 조롱하는데, 특히 그 날카로운 화살은 오롱트를 겨냥하고 있다. 애초부터 오롱트는 대다수 사람들이 관례의 영역 바깥에 존재한다고 생각하는 정서적 교류마저도 형식화하려 들 정도로 오만하고 거리낌 없이 지껄여대는 인물이며, 알세스트에게 서로에 대한 호감을 공고히 하기 위해 악수를 하자고 제안하는 것은 협약과 규칙이 감정과 정서보다 앞선다는 귀족사회의 일반적인 사고방식을 보여주고 있다.

여기서는 귀족사회의 나태함도 지적된다. 엄청난 재산을 지닌 프랑스 귀족들이 지적인 취미에 관심을 돌린 것은 먹고살기 위해 일할 필요가 없었기 때문이다. 다시 말해, 몰리에르는 오롱트를 통해 그런 취미들이 귀족사회에 가장 어울리지 않을지 모른다는 것을 암시하고 있다. 오롱트의 시는 전혀 독창적이지 않고 겨우 초보적인 작법 형식만 지키고 있는 것 같다. 알세스트가 시 짓는 일은 포기하라고 충고하자 격분한 오롱트가 그렇다면 더 좋은 시를 지어보라고 다그치는 장면은 비판을 용납하지 못하는 귀족사회의 편협한 속성을 여실히 보여준다.

지금까지 드러난 내용으로 보면 알세스트도 귀족사회의 일원이자, 위선과 거짓된 지성이라는 악덕들은 버렸으나 별달리 하는 일 없이 빈둥대거나 셀리멘의 옆에 붙어 치근덕거리면서 시간을 보내는 인물이다. 게다가 그 나름대로 교만한 나머지 철저하게 윤리 원칙들을 지키는 자기가 저질스럽고 치사한 다른 사람들보다 더 낫다고 생각하는데, 얄궂게도 자기가 속한 계급을 비판하고 있는 것이다. 좀더 넓게 말하면, 역시 그 자신이 속한 인류 전체도 기피하는 것이고, 결국 자기 자신을 멸시한다는 의미로 읽을 수 있다. 어쩌면 그는 다른 사람들을 공격하면서 자신도 공격하는 것인지 모른다. 사실, 그의 불행은 타인들에 대한 관계에서 기인한다. 만약 혼자 지낼 때는 만족할지 몰라도 사회의 일원으로서는 사교적인 요령이 없기 때문에 사회와 사람들을 혐오할 수밖에 없는 운명이 되는 것이다.

연극적으로 말하면, 제1막은 곧바로 이 희곡의 핵심적인 갈등, 즉 알세스트가 타인들 및 자기 자신과의 관계에서 벌이는 투쟁을 설정한다. 몰리에르는 처음부터 관객에게 등장인물들의 진면목을 감추지 않고 있는 그대로 드러내는데,

사실상 가장 공을 들이는 초점은 성격 묘사다. 따라서 비록 거의 시작과 동시에 알세스트의 갈등을 설정하면서도 실제 행동이라고 할 만한 것은 거의 보여주지 않는다. 제1막 대부분에서 등장인물들은 인간의 본성에 관한 철학적인 견해들을 늘어놓으면서, 세상을 살아가는 올바른 방법에 관한 나름의 견해들을 개진한다. 그 결과, 우리는 제1막부터 등장인물 개개인에 관해 많이 알게 되지만, 작품의 전개 방향을 짐작할 만한 단서는 거의 찾아볼 수 없다. 그럼에도 불구하고 알세스트의 꽉 막힌 태도를 보면 종국적인 운명을 미리 짐작해 볼 수 있을지 모른다.

Act 2

1장

알세스트가 셀리멘의 행실이 정숙하지 못하다며 헤어져야겠다고 볼멘소리를 한다. 이어 찾아오는 사내들의 지분거림을 마다 않고 모두 받아주는 태도에 '울화가 치민다'면서 좀더 무뚝뚝하고 신중하게 행동하면 그들이 열심히 주변을 맴돌며 법석을 떨지는 않을 것이라고 목청을 높이고, 특히 겉치레에 치중하고 가식적인 목소리로 말하는 속물 클리탕드르에게는 '도대체 어쩌다가 마음을 빼앗겼느냐'고 묻는다.

셀리멘이 그 질투는 부당하다며 그가 친구들을 동원해서 '제가 연루된 재판'에 도움을 주기로 약속했다고 답하자, 알세스트는 '차라리 의연하게 패소하라'고 대꾸한다.

셀리멘은 만약 '제가' 누구든 한 사람에게만 친절을 베풀면 '당신에게는 더 큰 모욕이 될 것'이라면서, '제가 사랑한다는 사실'을 알고 있지 않느냐고 다독거린다.

그러나 알세스트는 조목조목 반박하면서 다른 구애자들에게도 '그런 고백을 하지 않았으리란 보장이 없지 않느냐'고 따진다.

발끈한 셀리멘이 '조금 전에 한 말은 모두 없던 일로 하겠다'고 쏘아붙이자, 알세스트는 아무리 '당신에게' 집착하지 않으려고 해도 소용이 없다면서 '당신을 사랑하는 것이 잘못'이라고 자책한다.

2장

하인 바스크가 '아카스트 나리'의 방문을 고한다. 셀리멘이 '올려 보내라'라고 말하자, 알세스트가 어째서 사람들이 찾아오면 단 한 번이라도 핑계를 둘러대고 '우리' 둘만의 시간을 가져보려 하지 않느냐며 발끈한다.

셀리멘은 조정에서도 당당하게 외견을 피력히는 기물들은 마음만 먹으면 '우리에게' 해를 입힐 수 있다면서 구태여 그들과 나쁜 관계를 유지할 필요는 없다고 대꾸한다.

3장

바스크가 '클리탕드르 나리'의 도착을 알린다. 기분이 상한 알세스트가 가겠다며 방을 나가려고 한다.

가지 말라고 여러 차례 만류하던 셀리멘은 알세스트가 괴로운 광경을 참고 보라는 것은 지나친 요구라면서 가겠다고 고집을 부리자, '마음대로 하라'며 물러선다.

4장

셀리멘의 사촌 엘리앙트가 필랭트, 아카스트, 클리탕드르와 함께 도착한다.

여전히 그 자리에 있던 알세스트는 셀리멘을 쳐다보며 '당신 마음'이 누구에게 있는지 밝히라고 다그치지만, 셀리멘은 '제정신'이 아니라며 무시한다.

클리탕드르가 조정에서 있었던 일을 입에 올리며 어떤 귀족을 험담하자, 셀리멘이 맞장구를 치고, 아카스트가 그 대화에 끼어들면서 세 사람은 연이어 다른 귀족들의 험담에 열을 올린다.

알세스트는 그곳에 모인 사람들이 남들의 결점을 지적하는 재주도 뛰어나지만, 정작 그 험담의 대상이 눈앞에 나타나면 환심을 사기 위해 알랑대는 재주도 대단할 것이라고 비아냥거린다.

클리탕드르가 왜 셀리멘을 탓하지 않고 '우리에게' 시비를 거느냐고 대들자, 알세스트는 '당신들의 미소'가 부인의 독한 험담을 유도했기 때문이라면서 셀리멘은 '내가' 용납할 수 없는 일을 즐기고 있다고 덧붙인다 .

다른 구애자들이 저마다 셀리멘은 '결점이 없고', '우아하고 매력적인' 여인이라고 치켜세우자, 알세스트는 누군

가를 사랑한다면 아첨을 삼가야 한다며 진정한 사랑은 결
점을 너그럽게 용서하지 않는다고 주장한다.

엘리앙트는 일반적으로 사랑에 빠진 남자는 알세스트
처럼 행동하지 않는다면서, 애인의 결점마저 장점으로 보
이는 법이라고 지적한다.

5장

바스크가 알세스트에게 프랑스 귀족법원의 관리가 찾
아왔다고 알린다. 알세스트가 관리에게 용건을 묻는다.

6장

관리는 '오롱트와 벌인 다툼'에 관해 조사할 것이 있으
니 출두해 주기 바란다'고 통보한다.

알세스트는 출두 명령을 터무니없는 일이라며 절대로
비겁하게 타협하지 않겠다면서, 시에 대한 혹평은 결코 철
회하지 않겠다고 목청을 높인다.

필랭트가 이성적으로 생각하라며, 법원까지 동행하기
로 한다. 알세스트는 소신을 굽힐 수 없다고 재차 다짐하고,
출정을 재촉하는 셀리멘에게는 '우리의 논쟁'을 마무리 짓
기 위해 곧 돌아오겠다는 말을 남긴다.

　이 부분에서는 셀리멘도 처음으로 하나의 성격 형태를 대충 나타내는 인물로 등장한다. 험담을 즐기고 바람기가 있는 그녀는 전통 희극에 등장하는 삐딱한 여성의 전형처럼 보인다. 알세스트가 경멸하는 사회를 셀리멘이 그만큼 즐긴다는 사실은 이 희곡의 핵심적인 역설, 즉 알세스트가 자기가 혐오하는 사회를 대표하는 여성에게 넋이 빠져 허우적대는 얄궂은 상황을 설정한다. 몰리에르는 셀리멘의 행실이 적절하거나 도덕적이라고 암시하기보다는 그녀를 통해 사회의 가치를 철저히 따르는 사람의 생활방식을 비평한다. 십중팔구 셀리멘보다 더 도덕적이거나 적어도 더 정직한 알세스트는 불행하다. 제2막은 도덕성과 행복 가운데 어느 것이 더 중요한지에 대한 논점을 교묘히 흐려놓고 있다.

　어떤 의미에서는 셀리멘도 인간에 대한 혐오감을 보여준다. 그러나 알세스트의 혐오감이 사회 전체로 확장되는 반면, 셀리멘의 악의에는 분명한 대상이 있기 때문에 더 신랄하다. 구애자들 사이에서 험담을 이끌어나가는 셀리멘은 그런 악의를 품을 만한 역량을 드러낸다. 그녀의 인간 혐오감은 교묘하다는 점에서 알세스트와 다르다. 알세스트는 면전에서 비판을 늘어놓지만, 그녀는 비난의 대상이 없는 자리에서 말하는 것. 게다가 그녀의 재미난 입담은 신랄한 모욕을 중화시키고 구애자들을 즐겁게 해주는 반면, 알세스트의 조롱은 그 누구도 즐겁게 해주지 못한다.

몰리에르는 험담 장면을 통해 뒷담화가 사회적으로 구축되었다는 것을 보여준다. 구애자들이 부추기지 않았다면 셀리멘이 다른 사람들을 조롱하면서 재미를 느낄 이유가 없다는 것. '부인의 풍자 기질은 당신들의 사악한 아첨이 먹이가 되고 물을 준 것'이라고 지적하는 알세스트의 이상적인 세계에는 조롱이나 아첨이 존재하지 않는다. 그러나 그런 세상은 있을 수 없기 때문에 사회는 어떤 매개체를 찾아내야 하고, 아마 아첨만 놓고 본다면 그렇게 나쁜 것도 아닐 수 있다. 상대방을 바보로 만들지 않는 형태의 아첨도 분명히 생각해낼 수 있기 때문이다. 구체적 기준 없이 가치가 흔들리는 세계를 묘사하는 제2막 4장에서는 유일하게 명백한 결점들은 극단적인 가치들과 관련된 것들인 듯하다. 알세스트가 묵묵히 따르기를 철저히 거부한다는 것은 사회적 가치들이 조금이라도 애매하면 받아들이지 않는다는 뜻이다.

엘리앙트는 어쩌면 그녀의 가장 중요한 말에서 정당한 편들기의 개념을 도입한다. '사랑에 빠진 남자'는 애인의 결점마저 미덕으로 생각하는 사람이라고 정의하는 것. 여기서 몰리에르는 윤리적 가치의 양면성을 보여주려고 한다. 사랑이 잘못이라거나 사악하다고 주장할 사람이야 거의 없겠지만, 사랑 때문에 연인들이 진실을 보지 못한다면 어떻게 될까? 엘리앙트의 논거에 따르면, 사랑은 오류를 부추긴다는 비난을 받을 수 있다. 반면, 알세스트는 어떤 식의 부정직도 용납하지 못하기 때문에 사랑할 수 없을 것 같다. 그는 '참된 사랑의 증거는 가차 없이 결함을 찾아내는 것'(4장)이라고 주장하지만, 그런 사랑은 엘리앙트가 묘사하는 사람 냄새 나는 사랑이 아니라 일종의 냉랭하고 이론적인 사랑을 정의하는 것 같다. 몰리에르는 알세스트가 셀리멘을 향한 사랑의 본질을 놓고 자신과 싸움을 벌이고 있다고 암시한다. 알세스트는 종종 자신의 신념체계가 지닌 합리성을 내세워 셀리멘에게 느끼는 깊고 억누를 수 없는 좌절감과 싸우려고 드는데, 여느 사람들이나 마찬가지로 마음의 변덕에 희생자가 될 수밖에 없다.

최초의 중요한 전환점은 알세스트가 귀족법원의 출두 명령을 전달받는 제2막 끝부분이다. 갑자기 셀리멘과 법 앞에서의 알세스트의 입지가 위태로워진다. 몰리에르는 알세스트의 소송을 통해 이 작품을 큰 위기로 몰아가면서 처음으로 긴장된 분위기를 하나의 극적인 장치로 채용한다.

Act 3

1장

클리탕드르와 아카스트가 셀리멘에 대한 애정을 놓고 토론을 벌인다. 클리탕드르가 '기분이 아주 좋아 보인다'며 무슨 일이냐고 묻자, 아카스트는 '좋은 가문에 재산 많고, 젊고, 매력이 넘쳐 만족스럽다'고 뻐기며 대꾸한다. 이어 그렇다면 어째서 셀리멘의 집에서는 한숨이나 쉬고 있느냐고 재차 묻자, 셀리멘에게 퇴짜를 맞았으며 '그녀는 나를' 지독하게 혐오한다면서 풀이 죽는다.

클리탕드르는 그들 가운데 한 사람이 셀리멘의 마음을 확실하게 얻으면 나머지 사람은 경쟁을 접고 물러서기로 합의한다.

2장

클리탕드르와 아카스트를 발견한 셀리멘이 "아직도 이곳에 계세요?"라고 묻자, 클리탕드르가 "사랑이 우리를 붙

잡아놓았다”고 너스레를 떤다.

3장

바스크가 ‘아르지노에 부인’이 찾아왔다고 고한다.

아카스트가 ‘그분은 아주 정숙하고 신앙심이 두텁다’는 말을 들었다고 하자, 셀리멘은 남자를 유혹하는 능력을 죄악시하면서도 남자가 접근하면 크게 반색할 ‘아주 위선적인 여자’라면서, ‘제가’ 알세스트의 관심을 받는 것도 자기에게서 그 사람을 빼앗아가는 것으로 생각하고 질투심을 드러내는 여자라고 목청을 높인다.

4장

셀리멘과 아르지노에가 형식적인 인사를 나눌 때, 클리탕드르와 아카스트가 퇴장한다.

아르지노에는 이곳저곳에서 셀리멘의 방종한 행실을 두고 가혹한 말들이 많이 오간다면서, ‘저는’ 최대한 적극적으로 셀리멘 편을 들었으나 역부족이었다며 처신에 신경을 쓰는 것이 좋겠다고 가식적인 충고를 던진다.

셀리멘도 지지 않고 호의에 대한 답례라면서, 주변에서 주워들은 ‘그 여자’의 근엄한 태도와 열성적인 신앙심 등에 얽힌 위선적인 행위들을 비아냥거리고, 다른 사람들을 비난하기 이전에 자신을 먼저 돌아보아야 한다고 ‘사심

없이' 충고한다.

아르지노에는 '마치 제가 욕먹을 일이 많다는 뜻으로 들린다'며, '진심어린 충고에 기분이 상한 모양'이라고 대꾸한다.

셀리멘은 나중에 젊음이 시들면 점잖은 체하며 자기위안을 삼는 '부인'의 처지가 이해되겠지만 '저는' 아직 그럴 나이가 아니라면서, 사내들에게 사랑의 감정을 불러일으켜 기대감을 갖게 하는 것이 '제 책임'은 아니라고 항변한다.

아르지노에는 젊음을 너무 자만하지 말라고 쏘아붙이고, 사내들이 꼬이는 것은 '부인이' 꼬리를 치기 때문이라며 '저도' 마음만 먹으면 얼마든지 애인을 만들 수 있다고 덧붙인다.

그렇담 애인들을 만들어보라고 대꾸한 셀리멘은 급히 편지를 써야 한다며 '부인'과 알세스트를 남겨두고 자리를 뜬다.

5장

아르지노에는 알세스트의 고결한 품성과 능력을 치켜세운 다음, 궁정에서도 '선생님'을 정당하게 평가해 주었으면 좋겠다고 덧붙인다.

알세스트는 '저'는 궁정의 홀대를 불평할 만큼 나라에 봉사한 것이 없다고 퉁명스럽게 대꾸하고, 이어 뛰어난 능

력은 절로 빛을 발하는 것이라며 여러 사람이 '선생님'을 칭
찬했다는 부인의 말에는 요즘에는 '제 하인까지 신문에 날
정도'로 칭찬이 남발되고 있다면서 대수롭지 않게 넘긴다.

아르지노에가 궁정에 연줄을 대서 한 자리를 주선할
수 있으니 의향이 있으면 알려달라고 말하자, 알세스트는
감언이설로 절대 남을 속이지 못하고 속마음을 숨길 줄 모
르는 사람은 궁정에서 버틸 여지가 거의 없다며 거부한다.

아르지노에는 알세스트의 애정을 구하기 위한 최후의
방편으로 셀리멘이 '선생님께' 보이는 다정함은 거짓이라
며, '저희 집을 찾아주시면' 배신의 확실한 증거를 보여주
겠다고 힘주어 말한다.

처음이자 유일하게 클리탕드르와 아카스트가 단둘이
등장해 셀리멘에 대한 연정을 털어놓는 장면(1장)은 어떤
의미에서는 그들이 셀리멘을 찾아오는 '이면의 속사정'을
들여다보게 해준다. 아카스트가 '나'의 장점과 능력에 대
해 떠벌이다가 셀리멘에게 퇴짜를 맞았다며 절망하는 모습
은 이 작품에서는 알세스트 이외의 인물이 그녀 때문에 괴
로움을 토로하는 유일한 장면이다. 그러나 참된 자아를 드
러내지 않고 구애 놀이를 펼치려고 드는 아카스트의 고민

은 은밀한 것이지만, 천박한 사랑 놀음보다 솔직함을 중시
하는 알세스트는 모든 일에 정직해야 직성이 풀리기 때문
에 자신의 수치스러운 부분을 털어놓아야 한다. 이어 클리
탕드르와 아카스트가 셀리멘을 차지할 확률을 높이기 위
해 타협하는 장면은 이 같은 구애 놀이의 개념을 더욱 강화
시키는데, 여기서 작가는 연애에 대한 전형적인 접근과 알
세스트의 비정통적인 방법을 대비시키면서 두 태도를 모두
빈정대고 있다.

　　셀리멘과 아르지노에가 함께 등장하는 장면(4장)을 통
해서는 사람들—적어도 그의 등장인물들—이 속마음을 그
대로 털어놓을 방도를 찾고자 하지만, 결국은 에둘러 표현
하는 양상을 탐구한다. 알세스트는 구차한 변명 없이 곧바
로 예의범절보다는 솔직함을 택하지만, 다른 인물들은 체
면을 세우기 위해 우회적으로 비판하는 방법을 택하는 것.
아르지노에는 사람들이 셀리멘에 대해 못마땅하게 생각하
는 점들을 장황하게 늘어놓고는 ‘제’가 나서서 ‘부인’을 옹
호해 주었다고 생색을 낸다. 그러자 셀리멘도 지지 않고 아
르지노에의 결함들을 나열하는 한편, 역시 사람들에게 ‘부
인’ 편을 들어주었다고 응수한다. 여기서 두 사람은 타인들
의 입을 빌리는 형식을 통해 자기 말에 책임을 지지 않으면
서도 마음속에 품고 있던 진심을 상대방에게 퍼붓는 잔꾀
를 부리고 있다. 여기서 몰리에르는 알세스트의 경우처럼

무례한 생각에 대해 책임을 지는 사람만 처벌받는 사회를 묘사하고 있다. 물론, 아르지노에와 셀리멘이 보여주는 수동적이면서도 공격적인 접근 방식도 또 다른 종류의 사단을 겪게 되어 있다. 두 여인은 서로에게 화를 낼 수밖에 없고, 이 장면이 끝날 때쯤이면 말다툼 상태에 돌입하게 되는 것.

제3막에서 몰리에르는 가면 개념을 발전시키면서 특정한 인물들이 진정한 자아를 감추기 위해 어떻게 거짓 인격으로 포장하는지를 보여준다. 어쩌면 그들은 자기들을 반기지 않을지도 모르는 세상 앞에 노출되는 것이 내심 두려울 수 있다. 예컨대, 아르지노에는 남들이 자신을 행실이 단정하고 하느님을 두려워하며 남자들과 어울리는 일에는 무관심한 여자라고 믿게 만들고 싶지만, 몰리에르는 그녀가 특히 알세스트에게 호감을 갖고 접근한다는 것을 분명하게 보여준다. 그녀가 남자들과 어울리려 하지 않는 까닭은 남자들에 대한 관심 부족보다는 셀리멘 같은 성과를 올릴 수 없으리란 것을 잘 알기 때문이다. 아카스트가 낙천적인 자신감으로 가슴앓이를 감추듯(1장), 아르지노에는 위안을 제공하고 감정적인 고통을 겪지 않게 해주는 가면을 쓰는 것이다.

가면이라는 주제는 연기(演技)의 개념과 밀접하게 연결된다. 몰리에르는 연극과 인생이 피상성과 의식적인 기만이라는 점에서 유사하다고 생각하게 만든다. 그가 창조한 인물들의 배역을 맡은 배우들이 그 작품이 던지는 의미를 전달하기 위해 특정한 기질들을 '연기하듯,' 등장인물들도 사회 또는 사랑과 관련된 그들의 입지를 향상시킬 것이라고 생각하는 역할들을 연기한다는 것이다. 이런 탐구를 통해 프랑스 사회의 연극적인 요소가 폭로되는데, 당연히 연극은 거짓말하는 기술 그 이상이다. 알세스트는 관심을 끌기 위해 과장이란 연극을 취하고, 셀리멘은 자신이 늘어놓는 험담이 좀더 흥미진진하도록 웃기는 장치들을 이용한다. 몰리에르가 창조한 인물들은 셀리멘의 집을 무대로 연기를 펼칠 때가 많다. 연극의 형식성은 서로 연관된 등장인물들의 형식성—그리고 이중성—에 상응한다. 그러나 심지어 등장인물들의 '연기'를 감안하더라도 몰리에르는 제3막이 되면 제1막에서 확립한 1차원적인 정체성들을 분해하기 시작하며, 등상인물들은 서서히 진정힌 지아의 또 다른 면모들을 드러낸다. 아카스트가 클리탕드르 앞에서 피력하는 자기분석은 등장인물들의 복잡성을 보여주는 일련의 진실한 순간들 가운데 첫 번째일 뿐이다.

Act 4

1장

소송에서 타협을 이끌어내기 위해 알세스트의 마음을 돌려보려고 백방으로 노력했으나 버티더니 겨우 막판에 억지로 뜻을 굽혀 일부 사과로 소송을 매듭지었다는 필랑트의 하소연에 엘리앙트는 알세스트의 행동이 유별나긴 해도 진실성은 '고귀하고 영웅적인' 덕성이라고 대꾸한다.

이어 필랭트가 '천성적으로 독특한 기질을 지닌 친구'가 사랑에 빠졌다며, 더군다나 그 대상이 셀리멘이란 사실이 놀랍고 의아할 뿐이라고 말하자, 엘리앙트는 사랑은 기질이나 취향과는 무관하다면서 때로는 이유도 모른 채 사랑할 수 있다고 답한다.

필랭트는 '그 친구'가 셀리멘에게 마음의 상처를 입을 것 같다면서, 차라리 엘리앙트의 호의를 받아들이는 편이 훨씬 낫겠다고 넌지시 떠본다.

엘리앙트는 사랑 문제에는 솔직해야 한다며, 설사 알

세스트가 셀리멘에게 퇴짜를 맞더라도 기꺼이 결혼하겠다
고 속마음을 드러낸다.

엘리앙트의 마음이 짝사랑에 그치기를 바라는 필랭트
는 '알세스트와 셀리멘이 결혼하면' '그 친구'를 향했던 사
랑을 '제게' 달라고 간청한다.

2장

엘리앙트를 찾아온 알세스트는 '셀리멘을 향한 저의
충직함'이 모욕당했으니 저를 대신해서 복수해 달라면서,
배신당한 '저는' 죽을 지경이고 셀리멘은 '부정한 여자'라
고 열을 올린다.

필랭트가 질투심 때문에 헛것을 볼 수도 있으니 섣불
리 의심하지 말라고 다독이자, 그녀가 오롱트에게 직접 쓴
편지가 '제' 주머니에 있다고 핏대를 세운 알세스트는 엘리
앙트에게 '당신을 향한 제 마음을 받아주시면' 셀리멘에게
복수할 수 있다고 말한다.

엘리앙트는 "사랑하는 사람의 잘못은 이내 아무 일도
아닌 것이 되고 원망은 순식간에 사라질 수 있다"며 두 사
람의 관계는 아직 끝장난 것이 아니라고 설득하지만, 알세
스트는 모욕이 너무 치명적이기 때문에 화해는 불가능하다
며 '제 마음을 당신께 바치겠다'고 맹세한다.

3장

알세스트가 한창 열을 올리고 있을 때, 셀리멘이 들어와 '무슨 일로 그토록 마음이 상했는지' 묻는다.

알세스트는 사랑이란 의지대로 되는 것이 아니고 상대방의 마음을 억지로 얻을 수 없다는 것도 알고 있다면서, 애초부터 거짓된 고백으로 사랑을 부추기다 배반하니까 너무 화가 나서 '제'가 무슨 일을 저지를지 모르겠다고 목청을 높인다.

셀리멘이 편지를 썼다는 사실은 시인하면서도 '수신자가 여자라면 어쩌겠느냐'고 항변하자, 알세스트는 여자에게는 이렇게 사랑 표현이 가득한 편지를 쓸 수 없다면서 수신인이 여자라고 밝혀지면 걱정을 덜겠다고 덧붙인다.

셀리멘은 '마음대로 생각하라'며 '당신'은 이제 '제' 존경을 받을 자격이 없다고 발끈한다.

알세스트는 속는다는 것을 알면서도 '이상하게' 약해진다면서, '당신'이 기구한 운명에다 사랑스럽게 여기는 사람도 없는 처지여서 '제'가 헌신적인 사랑으로 보듬을 수 있게 되었으면 좋겠다는 엉뚱한 기대를 피력한다. 결국 두 사람의 사랑싸움은 셀리멘의 승리로 끝을 맺는다.

4장

겁에 질린 뒤 브아가 다짜고짜 알세스트에게 당장 피

신해야 한다고 고한다. 법원 관리가 편지를 놓고 갔는데, 무슨 일인지 짐작할 수는 없으나 친구 분으로부터 '체포될 운명'이란 말을 들었다는 것.

셀리멘이 무슨 일인지 빨리 알아보라고 재촉하자, 알세스트는 해지기 전에 다시 '당신을' 만날 수 있도록 허락해 달라는 말과 함께 자리를 뜬다.

제4막에서 관객은 자신만만한 셀리멘일 망정 민감한 내적인 삶은 감추고 있다는 것을 알게 된다. 그녀가 알세스트에게 관심을 보이는 것은 정말로 마음이 끌리고 있다는 암시이면서, 지금까지 보여준 무심한 여인의 모습을 뒤엎는 것이다. '천성적으로 독특한 기질을 가진' 알세스트가 셀리멘을 사랑하게 된 것이 이해할 수 없다며 그녀가 '그 친구'를 사랑한다고 생각하느냐는 필랭트의 물음에, 엘리앙트는 "그 애는 제 감정도 완전히 확신하지 못한다"고 대답한다. 그러나 셀리멘은 알세스트가 사랑을 의심하며 다그치자 '제 마음을' 믿고 이해해 주지 못하는 '당신은 이제 제 존경을 받을 자격이 없다'고 발끈한다. 몰리에르는 주요 등장인물들의 가면을 벗기면서 〈염세가〉가 단순하고 전형적인 풍자가 아니라, 희극이지만 인간의 감정과 관계들에 대해서도 논평하려 한다는 것을 보여준다. 제4막이 끝날 무렵이면, 관객은 더 이상 알세스트와 셀리멘—또는 그 문제에 관한 한, 어느 등장인물이든—을 정형화된 인물로 받아들일 수 없게 된다. 이제는 미묘한 인간적 감정들과 거기에 따르는 행동들이 펼쳐지는데, 심지어 알세스트도 오롱트에게 편지를 보낸 셀리멘을 용서할 명분을 찾으려는 것을 보면 비난하는 성향이 줄어든 것 같다. 정직의 원칙을 철저히 고수하는 그가 마음의 평안을 얻기 위해 그 편지의 수신자가 여자라는 거짓말이라도 들으려고 그 원칙을 잠시 유보하는 모습은 역설적이다.

제4막에서는 필랭트와 엘리앙트가 서로 똑같은 정도의 매력을 느끼게 되지는 않지만, 달콤하면서도 거짓 없는 연애 사건이 펼쳐지기 시작한다. 몰리에르는 이 관계를 밝히면서 관객—그리고 작가 자신—의 관심이 대상을 잘못 짚었다고 암시한다. 지금까지 진정한 주인공들은 감춰져 있었던 것. 필랭트와 엘리앙트의 사랑은 두 사람의 소박한 심성 때문에 더욱더 감동적이다. 작품의 초점이자 극적으로 독특한 관계를 지닌 알세스트와 셀리멘과는 달리, 그들의 관계는 눈길을 끌거나 유난히 각별한 특징이 없다. 여기서 몰리에르는 극단적인 형태의 개성은 사랑에 방해가 된다고 암시한다. 확정적 성향이 아닌 어떤 것에 의해 필랭트가 엘리앙트에게 마음이 끌린 것은 분명하다. 두 사람은 궁정 사회의 연극을 피함으로써 더욱 깊은 관계, 천박함에 근거하지 않는 관계를 이룰 수 있다. 심지어 이 작품의 나머지 부분은 관객의 관심을 그들의 연애 사건으로 돌리기 위한 장치라고 볼 수도 있다. 셀리멘의 결혼 허락을 받기 위해 구애자들이 온갖 노력을 기울였으나 그 무대에서는 아무 일도 일어나지 않고, 이 희곡에서 구체적으로 성취되는 일은 필랭트와 엘리앙트의 궁극적 결합이기 때문이다.(제5막)

필랭트와 엘리앙트의 연애 사건이 꽃피기 시작하면서 알세스트와 셀리멘의 관계는 계속 어그러진다. 알세스트는 배신의 증거라고 여겨지는 편지를 발견하자, 자신에게 적용되었던 정의를 그녀에게도 똑같이 적용하려고 한다. 그 편지가 그녀의 '혐의를 입증하며', '더 없이 확실한 증거 앞에서도 여전히 버티고'(제4막 3장) 있다는 사실이 놀랍다면서, '제세 지은 범죄들'에 대해 재판하려고 드는 것. 그가 오롱트의 감정을 상하게 했기 때문에 재판정에 섰다면 셀리멘도 그에게 수치를 안겨주었기 때문에 법정에 세울 수 있다고 생각하는 것 같다. 그 결과, 자신이 연루된 소송을 터무니없다고 여기면서도 똑같은 법 감정을 셀리멘과의 관계에도 적용하려 들지만, 그 평결을 집행할 힘이 없다. 그가 시인하듯, 셀리멘에게서 헤어날 수 없기 때문이다. 몰리에르는 다시 한 번 형식성과 감정을 병치시킨다. 이 경우에 알세스트는 법적 합리성에 의지하려는 시도가 비이성적인 충동에 패하고, 결국에는 마음의 위안을 얻을 수 있도록 편지 수취인에 관해 거짓말을 해달라고 요구한다.

제4막이 끝나갈 때, 알세스트는 당장 피신하지 않으면 체포된다는 말을 듣는데, 이 순간은 줄거리의 최종 위기다. 만약 떠나기로 결정한다면, 셀리멘과의 문제들도 해결할 가치가 있는지 없는지도 결정해야 한다. 셀리멘과 대화를 마치기 위해 다시 만나러 오겠다는 언질은 이전 행위들에는 없던 타협 의향을 보여준다. 그의 상황이 더욱 절박해지면서 사람을 싫어하는 성향이 약화되는 것 같다.

Act 5

1장

오롱트와의 재판에서 불리한 판결이 내려졌다는 사실에 격분한 알세스트는 뻔한 거짓말로 승소한 올롱트의 위선이 정당한 권리와 정의를 무너뜨렸고, 게다가 알랑거리며 시평을 요구하기에 '나의' 신조에 따라 솔직하게 답했을 뿐인데 '내게' 죄를 뒤집어 씌워 괴롭히고 있다면서, 이제 '늑대 소굴 같은' 사회를 떠나 평생 비열한 인간들과는 어울리지 않겠다고 힘주어 말한다.

필랭트는 그건 '성급한 계획'이라면서, 판결에 불복할 수도 있고 재심도 어렵지 않으니 너무 상심하지 말라고 다독인다.

알세스트는 그 판결을 바로잡을 생각이 없다면서 그 판결이 '우리' 시대의 '사악함'을 보여주는 명백한 사례이자 확실한 증거로서 후세에 전해졌으면 좋겠고, 더불어 이번 소송으로 큰돈을 쓰게 되었으나 그 대가로 인간의 타락한 본성을 저주하고 영원히 증오할 수 있는 권리를 얻게 된 것으로 만족한다며 자위한다.

필랭트는 어느 시대 어느 사회든 불공정과 결탁은 존재했다면서 그것이 사회를 떠날 이유는 될 수 없다며 친구의 생각을 돌리기 위해 이런저런 이야기를 하지만 소용이 없다.

알세스트는 세상을 등지려는 계획은 마음속에 없는 말을 결코 할 줄 모르는 '나를 위한' 이성의 요구라고 말하고, 셀리멘의 동의가 필요한 지금이야말로 그녀의 사랑을 확인할 수 있는 기회라며 그녀를 기다린다.

필랭트는 울적하고 괴롭다는 알세스트가 어두컴컴한 곳에서 혼자 셀리멘을 기다리도록 하지 않기 위해 엘리앙트를 데리러 간다.

2장

오롱트가 셀리멘에게 '부인'의 사랑이 '저'와 알세스트 가운데 어느 쪽에 있는지 알고 싶다며 선택을 요구하자, 알세스트가 구석에서 나타나며 동조한다. 두 사내가 그녀의 뜻을 존중하기로 합의하고 셀리멘에게 대답을 재촉하지만, 그녀는 당장 말할 수는 있어도 두 사람 면전에서 그런 결정을 내리기는 아주 곤혹스럽다면서 그 짐을 때마침 등장하는 엘리앙트에게 떠넘긴다.

3장

그 청을 거절한 엘리앙트는 셀리멘에게 모든 사람이 있는 자리에서 솔직하게 마음을 털어놓을 책임이 있다고 말한다.

오롱트와 알세스트는 셀리멘에게 이제는 확실한 의사 표시를 해야 한다며 계속 선택을 재촉한다.

4장

셀리멘이 보낸 편지들을 들고 입장한 아카스트와 클리탕드르가 '사건의 진상을 밝히기 위해' 왔다며 그녀에게 해명을 요구한다. 그 자리에는 아르지노에, 필랭트, 엘리앙트, 오롱트, 알세스트도 있다.

두 사내가 차례로 읽는 편지에서 셀리멘은 구애자들을 하나하나 모욕하고 결점이라고 여기는 점들을 조목조목 묘사한다. 셀리멘의 모욕에 완전히 정나미가 떨어진 아카스트와 클리탕드르는 '가는 곳마다 부인의 영광스러운 실체를 알리겠다'며 퇴장한다.

모욕 사실에 충격을 받은 오롱트도 '당신에게 주었던 마음을 회수하는' 선에서 '복수의 의미'를 찾겠다면서, 알세스트에게는 더 이상 방해하지 않겠으니 부인과 결혼해도 좋다고 덧붙인다.

아르지노에가 셀리멘에게 '능력도 있고 명예도 소중하

게 여기시는 알세스트님께서 우상처럼 떠받드셨는데도' 어떻게 이럴 수가 있느냐며 비아냥거리자, 알세스트가 '부인'의 두둔은 전혀 달갑지 않고 관심도 필요 없다며 매몰차게 말을 끊는다.

발끈 한아르지노에는 꿈을 깨고 겸손해지라면서, '두 분의 아름다운 결합'을 하루빨리 보고 싶으니 셀리멘에게 계속 구애하라고 느물대며 퇴장한다.

셀리멘이 '당신께는' 확실하게 잘못을 인정한다며 '저를' 증오하라고 말하자, 알세스트는 아무리 애를 써도 증오할 수 없다며 모든 행동을 잊고 용서할 테니 속죄의 방편으로 지체 없이 함께 외딴 시골로 떠나자고 요구한다.

셀리멘이 젊은 나이에 사교계를 떠나 시골에 묻혀 살라는 말이냐고 반문한다.

알세스트가 '나를 정말 사랑한다면' 둘이 함께 있는 것만으로도 충분하지 않느냐고 되묻자, 그녀는 사교계를 떠날 결정을 내릴 만큼 마음이 굳세지 않다면서도 원한다면 결혼할 의향은 있다고 덧붙인다.

모욕감을 느낀 알세스트는 사회를 떠나지 않겠다면 나머지는 필요 없다면서, '당신'이 '저 하나'로 만족하지 못한다면 '저도 당신을 거부하겠다'고 대꾸한다.

셀리멘이 퇴장한다.

이어 알세스트가 엘리앙트를 쳐다보며 '온갖 덕망과

미모를 겸비한 분께' 사랑을 요청하기 어려운 처지를 이해해 달라고 양해를 구할 때, 그녀는 말을 끊고 결혼상대 때문에 걱정하지는 않는다면서 넌지시 필랭트에게 청혼한다. 필랭트는 '영광'이라며 반색한다.

알세스트는 두 사람에게 '서로 지금의 감정을 영원히 유지해야 한다'고 충고하고, '나는' 명예를 지킬 수 있는 외진 곳을 찾아 떠나겠다고 덧붙인다.

필랭트는 엘리앙트에게 '저 친구'가 은둔 계획을 포기하도록 어떤 방안을 찾아보자는 의견을 피력한다.

: 풀어보기

제5막에서 몰리에르는 알세스트가 개인적인 의견 때문에 다른 인물들로부터 멀어지는 것을 물리적인 고립과 병치시킨다. 알세스트는 말 그대로 그 연극의 세계에서는 존재할 수 없다. 그는 인간들에 대한 혐오감을 감당할 수 없고, 인간들은 알세스트의 행실을 용납할 수가 없기 때문이다. 사법체계—이 희곡에서 그려지는 사회의 기준과 가치들을 나타내는 상징이자 목소리—는 계속 알세스트의 흠을 찾아낼 것이다. 그는 패소 사실을 알게 되면서, 세상을 등지고 은둔하겠다는 결의를 굳힌다.

셀리멘은 작품이 진행되면서 좀더 성숙하고 어쩌면 더

욱 사랑스러운 여인으로 발전하는 것처럼 보여도, 다음 말을 들어보면 처음과 크게 달라지지 않은 모습이다.

"스무 살에 고독이란 너무 끔찍한 모습이에요. 내게는 그런 결정을 내리는 데 필요한 불굴의 의지나 힘이 있는 것 같지는 않군요."(제5막 4장)

알세스트가 사회로부터 떨어져 있는 그 만큼 셀리멘은 사회와 밀착되어 있다. 우리는 만약 셀리멘이 남을 험담하거나 사내들과 어울릴 수 없는 곳에 있게 되면 어떤 사람이 되어 어떻게 살아갈지 상상하기 어렵다.

연극이 끝날 무렵, 필랭트와 엘리앙트의 사랑 고백은 타락한 세상에도 진정한 사랑이 존재할 수 있다는 것을 보여준다. 몰리에르는 그 같은 관계의 필수적인 전제가 바로 배려라고 암시한다. 실제로, 필랭트와 엘리앙트는 무대를 떠나면서 자기들에 관한 이야기가 아니라 알세스트의 은둔 결심을 철회시킬 방안을 찾아보기로 한다.

비록 이 작품의 풍자가 겨냥한 목표는 프랑스 사회의 타락이지만, 작가는 그 타락에도 나름대로의 한계들이 있다는 것을 보여준다. 작품이 끝날 때, 셀리멘이 홀로 남겨지는 것은 그녀의 편지들과 험담이 악의 없는 즐거움과 진정한 명예훼손의 경계선을 넘어섰기 때문이다. 그러나 마음에 상처를 입은 구애자들에게도 그다지 연민이 느껴지지 않는 이유는 그들도 이미 셀리멘과 어울려 재미 삼아 지인들에 대한 험담을 늘어놓았던 과거가 있기 때문이다.

〈염세가〉는 뜻밖의 해피 엔딩으로 끝을 맺는다. 그 행운의 주인공은 알세스트와 셀리멘이 아니라 필랭트와 엘리앙트이다. 이 결말은 알세스트의 마음에 평안을 가져다주는 것일 수 있다. 현실적으로 알세스트와 셀리멘의 결합은 결코 행복한 결말이라고 할 수 없을 것이기 때문이다. 어쩌면 몰리에르는 알세스트에게 그가 경멸하는 사회로부터의 출구를 제공함으로써 주인공과 그의 엄격한 가치들을 존중하는 것인지 모른다.

다음은 주요 인용구 해설입니다.

1. **자네가 진실하고 명예를 존중하는 사람이라면 마음에 없는 말은 한 마디도 내뱉지 않기를 바라네.**

   — 제1막 1장 첫 장면. 이 짧은 말은 신속하게 알세스트의 극단적인 가치체계를 규정한다. 친구 필랭트에게 정색하면서 진심이 담기지 않은 말은 한 마디도 하지 말라고 요구하는 모습은 다소 우스꽝스럽고, 관객들은 곧바로 알세스트가 여간해서는 비위를 맞추기 어려운 꽉 막힌 인물이란 점을 간파하게 된다. 이 인용구는 인간관계를 원만하게 이끌기 위해서라면 이따금 겉으로나마 공손한 태도를 보이고 입에 발린 말도 할 수 있다는 필랭트의 이성적인 항변과 상극으로 병치되는 것 같다. 이어 몰리에르는 이 짧은 말을 통해 작품의 핵심적인 갈등 요인—친구의 사소한 결함마저 용납하지 못하는 알세스트의 황소고집—을 확실하게 설정하고, 알세스트는 자기가 지인들보다 우월한 위치에 있다고 생각하는 것으로 규정한다. 알세스트가 필랭트에게 특정한 방식으로 행동하라고 요구한다는 것은 친구가 그렇게 해야 할 의무가 있다고 생각한다는 것을 암시한다.

   게다가 이 말은 이 작품의 희극적인 어조 설정에 한몫을 거든다. 몰리에르가 이전의 희극들에서 큰 사회의 계급체계와 사회체계를 공격했다면, 〈염세가〉에서는 오히려 사람들의 행실 풍자에 치중한다. 알세스트는 소극(笑劇)에 등장하는 전형적인 인물은 아니면서도 극단적인 가치들을 대표하는데, 이런 의미에서 자기만 잘난 줄 알고 사사건건 트집을 잡는 인물을 풍자한다. 작품이 진행되면서 이 같은 알세스트의 인상은 누그러지지만 완전히 사라지지는 않는다.

2.　살다 보면 사랑할 때가 있고 체면이나 따져야 할 때가 있는데, 한창 꽃다운 젊은 시절이 지나가면 의식적으로 체면 쪽을 선택할지도 모를 일이죠. 그렇게 하면 인생의 좌절을 감추는 데 도움이 될 수도 있거든요.

— 제3막 4장. 사람들 입에 오르내리는 소문이라며 은근히 자신의 행실을 비난하고 조롱하는 아르지노에 부인에게 셀리멘이 되받아치는 말. 태평하고 때로는 주변을 의식하지 않는 셀리멘의 기질을 제대로 포착한 표현인데, 젊음이란 때가 되면 사라지는 특권이기 때문에 젊은 기분에 만끽할 수 있는 사랑과 어느 정도의 자유분방함에 대해서는 구구절절 변명할 필요를 느끼지 않는다. 이 말에서 셀리멘이 아르지노에의 행태를 성격적 결함보다는 남자들의 관심을 끌지 못할 정도가 되어버린 나이 탓으로 돌리는 것은 나름대로 인생의 주기를 이해하고 있다는 것을 보여준다.

이 인용구는 〈염세가〉에서 다뤄지는 좀더 심오한 주제—진정한 자아의 가면—도 건드리고 있다. 셀리멘은 나이가 '은폐', 즉 인생의 고통과 편견들을 멀리하는 데 이용될 수 있을 것이라고 말하는데, 나이는 이 작품에서 나타나는 여러 가지 감추기 가운데 하나에 불과하다. 심지어 셀리멘마저 알세스트에게 진정한 감정들을 감추고 있는 것 같다. 이 무렵에는 셀리멘이 알세스트를 정말 사랑하는지 않는지는 판별할 수 없지만, 그녀의 말이 암시할지 모르는 정도 이상으로 마음에

두고 있을 가능성이 농후하다. 이렇게 보면, 셀리멘의 가면
은 바로 그녀의 언어다.

3. 그 여자의 못된 행실을 아주 명명백백하게 따져 옴짝달싹 못하게
    만들고 나서, 그 여자의 거짓투성이인 마법 같은 매력들로부터 완
    전히 벗어난 마음을 당신께 가져오겠습니다.

— 제4막 2장. 알세스트가 엘리앙트에게 셀리멘의 '못된 행
실'을 매섭게 질책하고 헤어질 테니 자기의 사랑을 받아달
라고 제안하는 말. 알세스트는 셀리멘에게 당한 모욕이 너무
치명적이기 때문에 화해가 불가능하다면서 그녀로부터 '완
전히 벗어날' 수 있을 것이라고 생각하고 더불어 엘리앙트
와의 결합을 통해 복수도 노리고 있다. 꿩도 먹고 알도 먹겠
다는 심산인 셈인데, 복수가 어그러진 상황을 바로잡아 줄지
모른다는 생각이 바로 혼란스러운 마음을 보여주는 증거라
고 할 수 있다.

물론, 셀리멘이 배신했다며 격분한 알세스트가 엘리앙트
에게 털어놓는 이 말은 셀리멘을 향한 그의 사랑에 담긴 진
실을 말해 주는 내면의 목소리, 즉 그녀의 매력에 푹 빠져
허우적대는 처지가 아무리 고통스러워도 도저히 벗어날 수
없을 것이라는 속마음을 잠재우기 위한 방편이라고 할 수도
있다. 여기서 알세스트가 엘리앙트에게 하는 말은 부분적으
로는 일종의 부정이다. 이를테면, 분노를 공표함으로써 그럭
저럭 자기의 도덕적 기준을 지키고 감정적인 충격을 피하려
는 생각인 것이다. 알세스트는 셀리멘에게 그토록 모진 질책
을 쏟아놓으며 갖은 노력을 기울여도 결국은 셀리멘으로부
터 벗어나지 못한다. 그가 내뱉은 약속의 앞부분—'아주 명
명백백하게 따지겠다'—은 지키지만, 마음의 자유를 얻겠다
는 맹세는 지키지 못하는 것.

4. 이 세상을 살아가는 인간의 본질에 여러 가지 결점이 있기 때문에 우리가 철학을 활용할 기회가 생기는 것이고, 그 일이야말로 우리의 미덕들을 가장 잘 선용할 수 있는 길일 걸세. 만약 모든 사람이 올바르고, 모두의 마음이 진실하고 솔직하고 정숙하다면, 우리의 미덕 대부분을 어디에 써먹을 텐가?

— 제5막 1장. 필랭트가 알세스트의 인생관이 지닌 근본적인 약점을 밝히고, 만약 알세스트가 내세우는 이론들이 사회 전체에 적용된다면 인류는 활기를 잃을 것이라고 설명해 주는 장면. 필랭트는 결함과 실패가 오히려 고매한 인격과 발명품을 낳는다고 주장한다. 실제로 만약 알세스트의 경멸 대상이 되는 인물들과 셀리멘이 애초에 욕먹을 행동을 하지 않았더라면, 굳이 알세스트가 이러쿵저러쿵 불평을 늘어놓을 일은 아예 없었을 테고, 더불어 그의 인품 상당 부분도 없어졌을 것이다. 필랭트는 친구에게 바로 이 같은 역설을 지적하면서 시골행을 만류하고 있는 것이다. 알세스트가 고수하는 신사도와 윤리 규칙은 대부분 그가 관찰하는 사람들의 비열한 행위 때문에 가치가 있는 것이다. 만약 그 사람들이 알세스트와 가치관을 공유한다면, 사회는 획일화되고 심지어는 따분할 수도 있다. 필랭트의 언급은 인간적인 차이점들이 삶을 가치 있게 만든다는 내용도 암시한다. 알세스트의 인간 혐오는 인간적인 상호작용들을 흥미롭게 만드는 바로 그 결함들을 향한 것인지 모를 일이다.

5. 앞으로 제가 제 약점을 극한까지 밀어붙이는 모습을 보게 되실 것이며, 우리 가운데 누구를 현명하다고 부르는 것이 얼마나 잘못된 일인지를 보여드릴 테고, 우리 모두에게는 얼마간이든 인간적인 유약함이 있다는 것을 똑똑히 증명해 드리겠습니다.

— 제5막 4장. 이 인용문이 나올 때쯤이면, 알세스트는 여전히 사람들과 어울리지 않겠다고 다짐하지만, 변화의 조짐을

나타내기 시작한다. 간접적으로나마 자신의 '유약함'을 인정
하면서 지금까지 보여주었던 독선적인 태도가 약간 고개를
숙인 듯이 보이고, 마침내 자신의 감정 앞에 무릎을 꿇는 것.
그렇다고 해서 그 약점을 완전하게 인정하지는 않는다. 마지
못해 그 결함들을 고백하지만, 포용하지는 않는 것이다. 알
세스트는 '현명한' 사람도 결함을 가질 수 있다는 사실을 깨
우치지 못한 극단적인 사람이다. 그의 논리에 따르면, '현명
하지' 못한 사람은 틀림없이 '유약한' 사람이다.

　　몰리에르는 이 인용문 직후에 연극을 끝내면서, 알세스
트의 변모가 얼마나 부실한 것이었는지를 보여준다. 사회를
등지고 함께 떠나자는 그의 제안을 셀리멘이 거부하자, 즉각
예전 모습으로 되돌아가는 것이다. 그럼에도 불구하고 변화
의 암시는 여전히 존재하면서, 알세스트가 언젠가는 사회에
서 받아들여지기도 하고 사회를 받아들이기도 할 것이란 희
망을 남겨둔다.

제목: 염세가(인간 혐오자) The Misanthrope *or* Le Misanthrope

작가: 몰리에르 Molière

작품의 종류: 희곡

장르: 풍자; 소극(笑劇)

언어: 프랑스어

집필 시기와 장소: 1660년대 초기, 파리

초판 발행: 1666년

어조: 프랑스 귀족계급을 가볍지만 비판조로 풍자한다. 반어법을 능숙하게 구사해서 셀리멘, 구애자들, 주인공 알세스트의 위선을 폭로하지만, 다른 인물들에 대한 날카로운 비평에 비하면 알세스트에 대한 평가는 조금 부드럽다. 몰리에르는 극단주의는 어떤 형태를 취하든 비난하는 반면, 이성과 타협은 높게 평가한다. 〈염세가〉는 틀림없이 희극이지만, 사회적 기능장애와 진정한 개인적 고뇌를 드러내는 저음이 깔려 있다.

배경(시간): 17세기 후반

배경(장소): 파리에 소재하는 셀리멘의 기품 넘치는 집

주인공: 알세스트

주된 갈등: 알세스트가 자신의 가치관과 젊고 무사태평하고 자유분방한 셀리멘에 대한 사랑을 조화시키기 위해 겪게 되는 어려움

상승: 셀리멘의 부정을 알게 되면서 진실을 알기 위해 그녀를 추궁하는 장면, 소송에 패하고 파리에 남아 있으면 체포될 위험에 처한 상황

클라이맥스: 구애자들이 셀리멘의 편지에서 모욕당했다는 사실을 놓고 셀리멘을 몰아세우는 장면, 알세스트가 영원히 세상을 등지겠다고 결심하는 장면

하강(下降. 클라이맥스 다음 이야기): 사회를 등질 수는 없지만 결혼은 할 수 있다는 셀리멘의 타협안을 알세스트가 거부하는 장면

주제: 사회적 행위에 담긴 위선들, 인간적인 결함의 인정, 사랑의 불합리성, 타협의 합리성

모티프: 사법체계, 편지들, 거래

상징: 셀리멘의 집, 오롱트의 시, 알세스트가 '시골에서 찾으려는 고독'

전조: 알세스트의 혹평에 화를 내는 오롱트의 반응 → 알세스트에 대한 소송, 필랭트의 호감 표현에 고마워하는 엘리앙트 → 두 사람의 결혼, 셀리멘이 구애자들과 갖는 뒷담화 → 구애자들이 셀리멘에게 등을 돌림

다음 질문에 대해 간단히 서술하시오.(—부분은 참고만 할 것)

1. 〈염세가〉에서는 천박함의 개념이 어떻게 묘사되는지 논술하라. 등장인물들은 어떻게 천박한 행동을 통해 사회가 그들에게 부과하는 개인적인 긴장들에 대처하는가?

    — 몰리에르는 사회, 적어도 프랑스 귀족사회의 일원이 되려면 상당한 심적 부담이 따른다는 것을 보여준다. 그 같은 심적 부담은 셀리멘의 환심을 사려는 구애자들의 정신 빠진 행동들, 알세스트를 유혹하려 하지만 실패하는 아르지노에의 노력, 궁정에 출사하는 귀족들과 어울리는 것을 참지 못하는 알세스트의 좌절감을 통해 나타난다. 많은 등장인물들은 그 심적 부담에 대처하기 위해 천박한 자아를 창조함으로써 방어시설을 세운다. 겉으로 드러나는 셀리멘의 천박한 자아는 무사태평한 바람둥이이지만, 알세스트와의 대화에서는 그에게 진지한 감정들을 품고 있을지 모른다는 느낌을 준다. 셀리멘의 무책임하고 경박한 겉모습은 알세스트와 고통스러울 수도 있는 관계에 너무 깊이 빠지지 않도록 막아준다. 마찬가지로 아르지노에도 남자들의 관심을 받지 못하는 고통스러운 진실을 외면하기 위해 정숙함이란 가면을 쓴다.

    알세스트가 피상적인 자아를 창조하지 않으려고 하는 고집을 보면 남들과 충돌하면서 괴로운 생활을 하는 이유를 알 수도 있다. 그의 행위 속에는 천박함이 없기 때문에 인생의 온갖 고통에 노출되고, 주관을 굽히지 않으려다가 결국은 다른 사람들이 사는 곳을 떠나야 할 정도로 비참해진다. 몰리에르는 천박함과 정직성의 균형, 분별 있는 필랭트가 대변하는 균형을 바람직한 것으로 간주하는 듯하다.

2. 사람을 혐오하는 알세스트의 성격을 평가하라. 만약 그의 일반적인
불행에 어떤 역할을 하는 선량한 자질이 있다면 그것은 무엇인가?

— 역설적이지만, 알세스트의 신랄한 태도는 부분적으로는
좋은 의도에서 비롯된다. 그는 미워하기 위해 미워하지 않고,
철저하게 미움을 받는 것도 아니다. 아르지노에는 그와 사랑
하기를 원하고, 필랭트는 끝까지 그를 진심으로 걱정하는 친
구로 남는다. 이론적으로는 알세스트의 인생관은 장점이 있
을 수 있다. 대다수 사람들이 존경스러운 품성이라고 생각할
정직을 주장하고 위선을 경멸하기 때문이다.

알세스트의 결함은 그의 원칙이 지닌 엄격성에 있다. 누
군가가 위선이나 부정직한 모습을 보이면 최종 판단을 내려
그 위반자를 영원히 퇴출시켜 버리는 것이다. 그는 지극히
정직하지만 용서를 모르고, 사람들에게서 결함을 걸러내고
선한 모습을 보지 못한다. 게다가 그의 성실성의 규칙에 예
외가 없는 것 같다. 좀더 요령 있고 슬기롭게 대처하라는 필
랭트의 간절한 권유에도 불구하고, 그는 심지어 다른 사람의
기분을 상하게 할 수 있는 경우에도 냉엄한 진실을 말한다.
필랭트는 남에게 해를 끼치지 않는 사소한 결함들을 타락의
증거로 보기는 어렵다고 주장한다. 사실상, 이처럼 악의 없
는 거짓말들은 일종의 사회적인 윤활유가 되어 지인들이 서
로 좋은 관계를 유지하도록 해주지만, 알세스트는 이런 견
해에 동의하지 않고 그의 행동이 초래하는 사회적인 배척을
받아들인다.

알세스트의 인간 혐오를 반드시 '나쁘다'고 말하기 어렵
기 때문에 그는 훨씬 더 복잡한 인물이 된다. 우리도 이따금
알세스트에게 공감하면서 현재의 가치체계들과 사회적 행
실들의 평가를 자극할 수 있다.

3. 〈염세가〉에서 사법체계의 역할을 서술하라.

— 몰리에르는 법정을 자주 언급한다. 알세스트는 두 건의 소송에 휘말려 있고, 셀리멘도 살짝(이 송사에 대해서는 아무런 설명도 없고 또다시 언급되지도 않음) 자신이 연루된 소송을 입에 올리는 것이다. 이 작품에서 법정은 줄거리를 이끌고 나간다. 알세스트는 법원의 출두명령을 받으면서 잠시 이 작품이 중심에서 벗어나 어떤 부차적인 줄거리들이 전개되도록 해준다. 패소하고 체포당할 위험이 닥치자 모든 교류를 끊고 사회를 등지기로 결심하는데, 그 결정은 이 작품을 끝맺는 일련의 사건들을 작동시키는 것.

상징적으로, 법정은 〈염세가〉에서 그려지는 사회의 현상(現狀)을 나타내는 것이자 공동체가 공유하는 가치들의 기수(旗手)다. 법원이 알세스트에게 사법적 조치를 취하는 것과 똑같이 알세스트의 사회는 나머지 사람들로부터 자신을 분리시키기 위해 작동하고, 연극이 끝날 때쯤 알세스트는 법적·사회적으로 추방된다. 몰리에르는 법정을 통해 알세스트의 외골수적 행동이 부적절하고 시대에 이롭지도 않다는 집단적 전언을 보낸다. 게다가 귀족법원에서 증언할 때의 성실함—재차 오롱트의 시에 대한 정직한 의견을 피력—은 알세스트가 자신의 가치들에 충실하다는 것을 강조한다.

4. 아르지노에가 다른 등장인물들로부터 고립되는 모습에 대해 설명하라. 아르지노에와 알세스트는 어떤 점에서 서로 비슷한가?

5. 몰리에르가 많은 사내들이 셀리멘에게 청혼하도록 설정한 의도를 설명하라. 왜 한두 명의 사내로는 부족했을까?

6. 몰리에르에 따르면, '염세가(인간 혐오자)'는 정확히 무엇인가? 알세스트를 묘사하기에는 이 용어의 의미가 너무 막연하지 않은가?

7. 셀리멘은 진실한 사랑에 빠질 수 있을까? 긍정 또는 부정의 이유는 무엇인가?

8. 필랭트와 엘리앙트의 종국적인 결합이 보여주는 것은 무엇인가? 그들은 앞으로도 함께 지낼까?

다음 질문에 알맞은 답을 고르시오.

1. 셀리멘에게 구애하지 않는 사람은?
    A. 알세스트
    B. 오롱트
    C. 필랭트
    D. 클리탕드르

2. 알세스트가 쓰레기 같은 시인이라고 생각하는 사내는?
    A. 오롱트
    B. 필랭트
    C. 셀리멘
    D. 랭보

3. 셀리멘은 아르지노에가 왜 불쾌한 성품들을 갖게 되었다고 말하는가?
    A. 질병
    B. 이혼
    C. 나이
    D. 어리석음

4. 오롱트의 소네트에 대한 알세스트의 반응은?
    A. 오롱트에게 결투를 신청한다.
    B. 기분이 언짢다.
    C. 방을 나간다.
    D. 좋은 시의 예를 든다.

5. 귀족법원의 소송에서 알세스트의 상대방은 누구인가?

A. 아카스트

B. 오롱트

C. 바스크

D. 이름이 언급되지 않는다.

6. 알세스트와 오롱트가 그들 가운데 한 사람을 선택하라고 요구했을 때 셀리멘의 반응은?

A. 한 사람을 선택한다.

B. 엘리앙트에게 결정의 부담을 떠넘기려고 한다.

C. 울기 시작한다.

D. 두 사람 모두 싫다고 말한다.

7. 알세스트에게 체포당할지 모른다는 소식을 전하는 사람은?

A. 바스크

B. 아르지노에

C. 아카스트

D. 뒤 브아

8. 패소한 알세스트는 어떻게 대처하겠다고 맹세하는가?

A. 소송 상대자를 죽이겠다고

B. 판결에 불복해 항소하겠다고

C. 사회를 등지겠다고

D. 자살하겠다고

9. 이 희곡의 끝부분에서 필랭트가 연애를 시작하는 상대방은?

A. 엘리앙트

B. 셀리멘

C. 아르지노에

D. 위의 세 사람이 아닌 인물

10. **알세스트에게 셀리멘의 배신을 가장 먼저 고자질한 인물은?**

A. 필랭트

B. 아르지노에

C. 뒤 브아

D. 아카스트

11. **아카스트가 항상 유쾌할 수 있는 이유로 꼽지 않은 것은?**

A. 젊음

B. 뛰어난 승마실력

C. 잘 생긴 외모

D. 재산

12. **셀리멘의 배신을 알게 된 알세스트의 복수 방안은?**

A. 그녀에게 소송을 제기한다.

B. 그녀를 무시한다.

C. 그녀에 관한 험담을 퍼뜨린다.

D. 엘리앙트에게 마음을 준다.

13. **셀리멘의 사촌은?**

A. 바스크

B. 엘리앙트

C. 아카스트

D. 필랭트

14. 셀리멘이 알세스트를 배신했다는 증거로 제시되는 것은?

A. 셀리멘이 어떤 구애자에게 보낸 편지

B. 그녀의 사촌이 알려준 증거

C. 잃어버린 목걸이

D. 어느 궁정 신료가 셀리멘에게 보낸 편지

15. 아르지노에 부인이 알세스트를 위해 연줄을 동원해 주선하겠다는 것은?

A. 셀리멘에게 알세스트를 사랑하도록 설득하겠다고

B. 알세스트가 몰래 도시를 빠져나가도록 도와줄 수 있다고

C. 공개적으로 오롱트의 체면을 깎아내릴 수 있다고

D. 궁정에 한 자리를 얻게 해줄 수 있다고

16. 아르지노에 부인이 셀리멘의 결함으로 꼽는 것은?

A. 수줍음

B. 바람기

C. 시무룩한 분위기

D. 위선

17. 셀리멘이 결말 부분에서 알세스트에게 제시하는 타협안은?

A. 함께 사회를 등지고 은둔하겠다.

B. 결혼하되 사회를 떠나지는 않겠다.

C. 엘리앙트와 그를 공유하겠다.

D. 마음의 한쪽은 알세스트, 다른 한쪽은 오롱트에게 주겠다.

18. 결말 부분에서 알세스트를 제외한 모든 구애자들이 셀리멘을 포기하는 이유는?

A. 그녀가 알세스트에게만 정을 쏟기로 결심했기 때문에

B. 그들 모두가 다른 여자를 사랑하게 되었기 때문에

C. 그녀의 편지 때문에 마음이 상해서

D. 배가 고파서

19. 뒤 브아가 알세스트에게 피신을 재촉하면서 내세우는 이유는?

A. 알세스트가 죽게 될 수도 있다.

B. 알세스트가 아르지노에와 중매로 결혼하게 될지도 모른다.

C. 알세스트가 많은 재산을 잃게 될지도 모른다.

D. 답 없음

20. 오롱트의 시를 칭찬하다가 알세스트에게 비난당한 사람은?

A. 필랭트

B. 아르지노에

C. 셀리멘

D. 뒤 브아

21. 한 사람이 셀리멘의 마음을 차지할 경우, 나머지 한 사람이 도와주기로 밀약하는 두 사내는?

A. 아카스트와 오롱트

B. 클리탕드르와 오롱트

C. 클리탕드르와 아카스트

D. 오롱트와 필랭트

22. 이 희곡의 제목이 된 '염세가'는?

A. 필랭트

B. 오롱트

C. 아카스트

D. 알세스트

23. 이 희곡이 전개되는 곳은?

A. 셀리멘의 집

B. 알세스트의 집

C. 프랑스 왕궁

D. 법원 청사

24. 사회를 등지겠다는 알세스트의 결심을 지지하는 사람은?

A. 필랭트

B. 아르지노에

C. 엘리앙트

D. 답 없음

25. 알세스트가 법원 판결에 대해 항소하지 않기로 결심하는 이유는?

A. 항소 비용이 없기 때문에

B. 이 판결이 인간의 타락을 보여주는 명백한 증거가 되기를 바라기 때문에

C. 소송 상대방을 너무 존경하기 때문에

D. 이 판결이 당사자의 항소 없이도 번복될 수 있다는 것을 알기 때문에

정답 |

1. C　2. A　3. C　4. D　5. B　6. B　7. D　8. C　9. A　10. B

11. B　12. D　13. B　14. A　15. D　16. B　17. B　18. C　19. D　20. A

21. C　22. D　23. A　24. D　25. B

미국에서 1억부 이상 판매된 기적의 논술가이드
클리프노트가 한국에 상륙했다!!

방대한 고전을 하루만에 독파하는 스피드
다락원 명작노트 **CliffsNotes™** 시리즈는

▶ 미국대학위원회, 서울대, 연·고대 추천 고전을 알기 쉽게 재구성한 대한민국 대표 논술교과서입니다. ▶ 작품의 핵심내용과 사상, 역사적 배경, 심볼, 작가의 의도 등을 명확하게 정리하여 방대한 원작을 쉽고 빠르게 이해할 수 있게 해줍니다. ▶ 미국에서 리포트, 논술용으로 1억 부 이상 팔린 초베스트셀러의 명성에 비평적 사고와 논리적 글쓰기의 모델을 제시하는 〈一以貫之〉의 논술 노트를 통해 사고 능력, 읽기 능력, 쓰기 능력을 체계적으로 길러줍니다.

★ 〈一以貫之〉 논술연구모임: 대입 논술이 시작될 때부터 학원과 학교에서 논술을 가르쳐온 전문가들의 모임입니다. 현재 서울·분당·평촌·인천·광주·부산·울산 등의 유명 학원과 고등학교의 논술강의 현장에서 학생들이 '자신의 물음'과 '자신의 생각'을 갖고 '자신의 글'을 쓸 수 있도록 도와주고 있습니다.

다락원 명작노트 **CliffsNotes™** 시리즈 50권 출간

001 걸리버 여행기　002 동물농장　003 허클베리 핀의 모험　004 호밀밭의 파수꾼　005 구약 성서

006 신약 성서　007 분노의 포도　008 빌러비드　009 이반 데니소비치의 하루　010 카라마조프 가의 형제들

011 순수의 시대　012 안나 카레니나　013 멋진 신세계　014 캉디드　015 캔터베리 이야기　016 죄와 벌

017 크루서블　018 몽테크리스토 백작　019 데이비드 코퍼필드　020 프랑켄슈타인　021 신곡

022 막대한 유산　023 햄릿　024 어둠의 심연 外　025 일리아드　026 진지함의 중요성　027 제인 에어

028 앵무새 죽이기　029 리어 왕　030 파리대왕　031 맥베스　032 보바리 부인　033 모비딕

034 오디세이　035 노인과 바다　036 오셀로　037 젊은 예술가의 초상　038 주홍 글씨　039 테스

040 월든　041 워더링 하이츠　042 레미제라블　043 오만과 편견　044 올리버 트위스트　045 돈키호테

046 1984년　047 이방인　048 율리시스　049 실낙원　050 위대한 개츠비

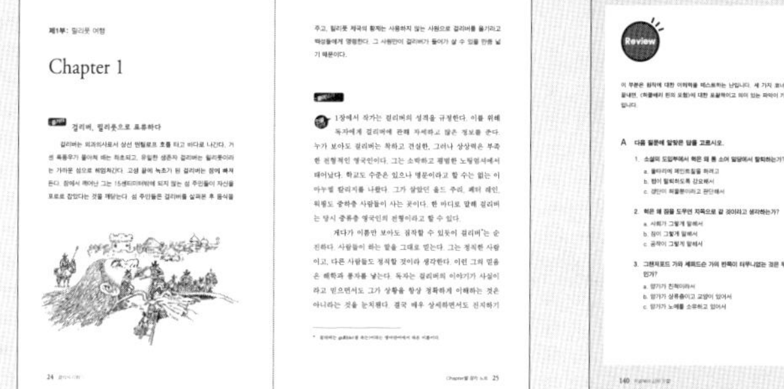

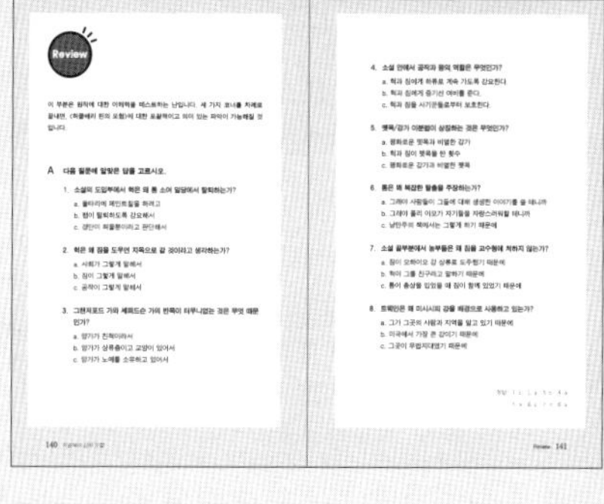

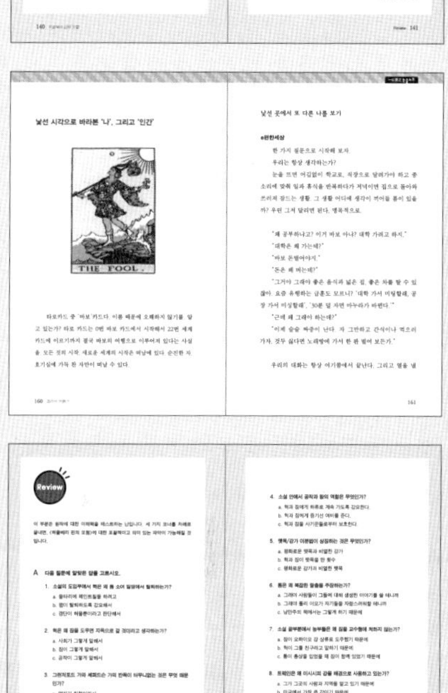

작가 노트 | 작가에 대해 꼭 알아야 할 배경지식이 담겨 있습니다.

작품 노트 | 작품의 개요, 전체 줄거리, 등장인물 등 작품 전반을 이해하는 데 필수적인 부분을 실어 놓았습니다.

Chapter별 정리 노트 | 각 장의 '줄거리'와 '풀어보기'가 들어 있습니다. '줄거리'에서는 원작의 내용을 명쾌하게 파악할 수 있습니다. '풀어보기'에서는 원작에 담긴 문학적 경향, 주제, 상징 등을 다루었습니다.

인물분석 노트 | 등장인물에 대한 보다 면밀한 분석이 들어 있습니다.

마무리 노트 | 작품의 주제 등 보다 넓은 시각에서 작품을 볼 수 있도록 도와줍니다.

Review | 작품 이해도를 묻는 질문 코너입니다. 다양한 질문에 답하다 보면 작품에 대한 포괄적이고 의미 있는 파악이 가능해집니다.

一以貫之 논술 노트 | 권말에는 일이관지 논술연구모임에서 작성한 해당 작품과 관련한 논술 노트가 실려 있습니다. 원작을 우리의 삶과 연계시켜 비판적 사고와 논리적 글쓰기의 방향을 제시합니다.

실전 연습문제 | 해당 작품을 바탕으로 출제 가능성이 높은 논점을 함께 숙고해 봅니다.

★ 변형 국판   ★ 각권 8,500원

〈행복한 명작 읽기〉는 기초가 약한 영어 초급자나 초, 중, 고 학생들이 보다 즐겁고 효과적으로 명작들을 읽으며 독해력을 키울 수 있도록 개발된 독해력 증강 프로그램입니다.

국판 | Grade 1, 2, 3 각권 **6,000원**(오디오 CD 1개 포함)
Grade 4, 5 각권 **7,000원**(오디오 CD 1개포함)
*어린왕자 8,000원(오디오 CD 2개 포함)
**고도를 기다리며 9,000원(오디오 CD 2개 포함)

책의 특징

1 골라 읽는 재미가 있다. 초보자를 위한 350단어 수준에서 중고급자를 위한 1,000단어 수준까지 5단계 구성.
2 단계별로 효과적인 영어 읽기 요령과 영문 고유의 참맛을 느낄 수 있는 장치가 곳곳에.
3 읽기만 해도 영어의 키가 쑥쑥 – 해석을 돕는 돼지꼬리(꼬리), 영어표현 및 문법 설명, 퀴즈가 왕창.
4 체계적인 듣기 학습까지. 전문 미국 성우들의 생동감 넘치는 원음을 담은 오디오 CD 제공.

Grade 1 Beginner	Grade 2 Elementary	Grade 3 Pre-intermediate	Grade 4 intermediate	Grade 5 Upper-intermediate
350words	**450**words	**600**words	**800**words	**1000**words
1 미녀와 야수	11 이솝 이야기	21 톨스토이 단편선	31 오페라 이야기	41 센스 앤 센서빌리티
2 인어공주	12 큰 바위 얼굴	22 크리스마스 캐럴	32 오페라의 유령	42 노인과 바다
3 크리스마스 이야기	13 빨간머리 앤	23 비밀의 화원	33 어린 왕자*	43 위대한 유산
4 성냥팔이 소녀 외	14 플랜더스의 개	24 헬렌 켈러, 나의 이야기	34 돈키호테	44 셜록 홈즈 베스트
5 성경 이야기 1	15 키다리 아저씨	25 베니스의 상인	35 안네의 일기	45 포 단편선
6 신데렐라	16 성경 이야기 2	26 오즈의 마법사	36 고도를 기다리며**	46 드라큘라
7 정글북	17 피터팬	27 이상한 나라의 앨리스	37 투명인간	47 로미오와 줄리엣
8 하이디	18 행복한 왕자 외	28 로빈 후드	38 오 헨리 단편선	48 주홍글씨
9 아라비안 나이트	19 몽테크리스토 백작	29 80일 간의 세계 일주	39 레 미제라블	49 안나 카레니나
10 톰 아저씨의 오두막	20 별 | 마지막 수업	30 작은 아씨들	40 그리스 로마 신화	50 나에겐 꿈이 있습니다 –명연설문 모음

쉬운 영문을 통해 영어 독해에 대한 막연한 두려움을 없앤다

실력에 맞게 효과적으로 끊어 읽으며 직독직해 훈련을 한다.

영문판 원서 도전을 위한 전 단계의 준비과정이다.

왕초보 기초다지기

실력 굳히기

영어의 맛
제대로 느끼기